KB169157

⊙ 낙서무늬 주전자, 27.0×33.0cm, 높이 17.5cm, 국립중앙박물관.

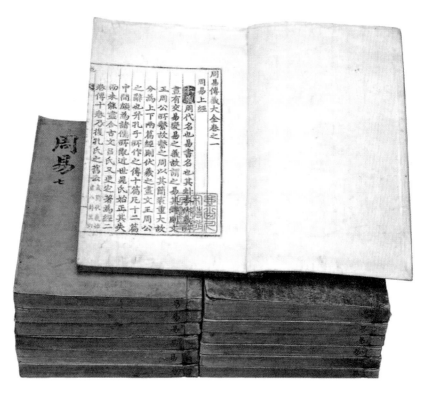

⊙ 『주역전의대전』, 37.0×23.5cm, 18세기 말, 서울역사박물관. 주역에 대한 해설서다.

周易上經

【本義】 周代名也易書名也其卦其辭則文
畫有交易變易之義故謂之易
王周公所繫故繫之周以其簡袠重大故
分為上下兩篇經則伏羲之畫文王周公
之辭也并孔子所作之傳十篇凡十二篇
中間頗為諸儒所亂近世晁氏始正其失
而未能盡合古文呂氏又更定著為經二
卷傳十篇乃復孔氏之舊云 或問伏羲始

七寸二分旬甫漸短至十七年短枝舊五寸七分此雖日月有時升降而世道治亂保之肤未必盡然年事豐或人物盛裏治亂數千百里之地歲各不同則亦由於國土地氣之外降可知也然陰陽升降則像大而地氣升降則所像小天地之氣大小有辦也

何以為會日雖有時高低地則又有行道與日道東西兩交地自西交轉北轉東八枝東交又自東交轉南轉西八枝西交如月道之交枝日道而有兩交也何也小而一年大而一運非直日行枝地有時高低

地亦對日回轉漸自西移出八兩交轉西轉北故地自西交轉八北道又日光漸長而漠陰退以至枝六千三百六十年成俯則地之兩漠受日光之長而地腰

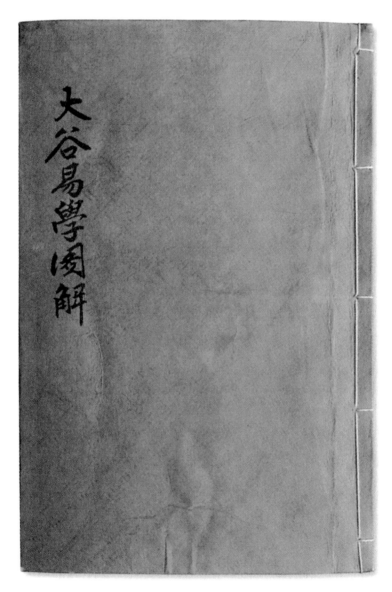

⊙『대곡역학도해』, 김석문, 32.3×21.1cm, 17세기, 성균관대 존경각.

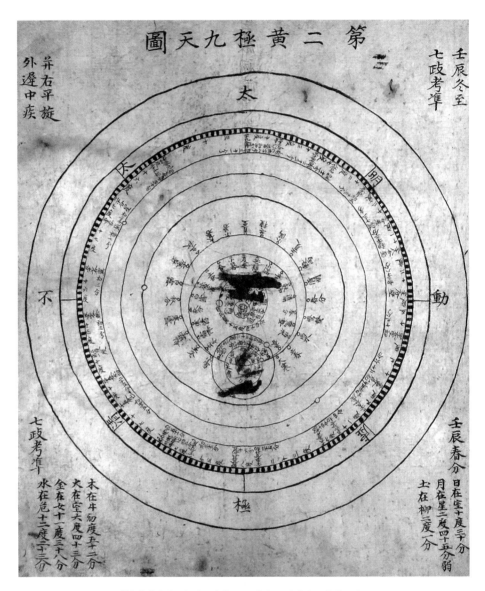

⊙『역학이십사도총해』, 김석문, 18세기, 규장각한국학연구원.

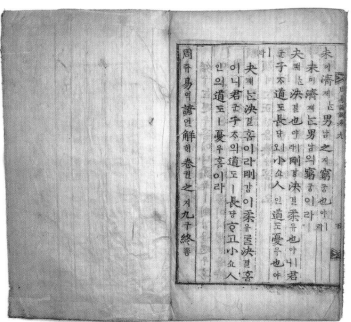

⊙ 『주역언해』, 선조 명편, 24.7×16.6cm, 간년미상, 동산도기박물관.

◉ 팔괘무늬 연적, 6.9×15.0cm, 조선시대, 국립중앙박물관.

역易,
위대한
미메시스

역易, 위대한 미메시스

자 연 에 서 기 호 로 , 기 호 에 서 사 상 으 로

황병기 지음

글항아리

　인문학의 모든 기호와 상징은 인간의 영역에 속하는 것이지 자연의 영역이 아니다. 신 아래 자연과 인간이 대적하듯이, 자연은 자연의 원리대로 움직이고 인간은 인간의 윤리에 따라 살 뿐이다. 인간의 발명품이 인간의 소유물이듯『주역』도 인류가 발견한 인간만의 기호와 상징의 체계로 이해된다. 따라서『주역』은 다분히 불완전하며 한정성을 가질 수밖에 없다.

　『역』의 세계가 태생적으로 자연을 모사한 데서 구성된 것이긴 하지만, 그것이 이미 무언가를 본뜬 것이라는 점에서 자연과 동일할 수는 없다. 이는 바둑 두기에 비유할 수 있다. 바둑 두기는 이른바 '천원지방天圓地方'이라는 우주론에 바탕하고 있다. 제작자는 판을 방형方形으로 하여 땅을 본뜨고 돌을 원형圓形으로 하여 하늘을 본떴다. 그러나 그 원형의 바둑돌을 방형의 판 위 임의의 장소에 옮겨놓으며 바둑 두는 사람은 천지를 모상하여 두는 것이 아니다. 돌과 판이 자연을 모상하여 만들어진 것이긴 하지만 바둑 두기는 인간의 행위일 뿐이다. 따라서 역학이 자연학과는 별개라고 말해서도 안 되겠지만, 자연학 그 자체로 간주하는 것은 더더욱 적절치 않다.

『주역』이 우리나라에 전래되어 연구되었다는 기록은 삼국시대부터 나타난다. 『삼국사기』「고구려본기」에 소수림왕 2년 태학太學을 세워 자제를 교육했다고 기록되어 있다. 『주서周書』 및 『구당서舊唐書』「열전列傳」에는 고구려에 오경五經·삼사三史 등의 서적이 있었으며, 백제는 일본에 사신을 보내 『효경』『논어』 등과 함께 『역경』을 전했다고 한다. 신라의 국학國學에서는 『주역』을 배우게 했으며, 설총薛聰은 방언으로 구경九經을 읽고 가르쳤다는 기록이 『삼국사기』에 나온다.

고려시대에는 6대 성종 때에 국자감國子監을 두고 경학박사經學博士를 설치했으며, 문종 때 최충崔沖(984~1068)은 구경九經과 삼사三史를 중시했다고 전한다. 윤언이尹彦頤(?~1149)는 『역해易解』를 썼고, 『고려사』「우탁열전禹倬列傳」에는 "우탁(1263~1342)은 경서에 통하고 역학에 더욱 깊어 복서卜筮가 모두 적중했다. 『정전程傳』이 처음 전래되자 동방에 아는 이가 없었는데, 우탁이 문을 닫고 한 달 남짓을 참구參究하여 해득하고 학생들을 가르치니 이학理學이 유행하기 시작했다"고 했다. 또 『고려사』 공민왕 19년 조에는 과거에서 『주역』 시험에 정자程子·주자朱子의 주注와 고주古注를 사용했다는 기록이 있다.

조선시대에 『주역』 연구는 더욱 활발하게 전개되었다. 권근權近(1352~1409)은 『주역천견록周易淺見錄』을 저술했다. 세조 때에는 왕명으로 『역학계몽요해易學啓蒙要解』(1465)가 편찬되었고, 그 뒤로도 유빈柳贇(1520~1591)의 『고산역도孤山易圖』(1576), 이황李滉(1501~1570)의 『계몽전의啓蒙傳疑』(1557), 이

덕홍李德弘(1541~1596)의 『주역질의周易質疑』, 장현광張顯光(1554~1637)의 『역학도설易學圖說』, 김방한金邦翰(1635~1697)의 『주역집해周易集解』, 서명응徐命膺(1716~1787)의 『역학계몽집전易學啓蒙集箋』, 김석문金錫文(1658~1735)의 『역학이십사도해易學二十四圖解』(1697), 이현석李玄錫(1647~1703)의 『역의규반易義窺斑』, 조호익曺好益(1545~1609)의 『역상설易象說』 등의 저작이 나왔다. 실학자의 연구로는 이익李瀷(1681~1763)의 『역경질서易經疾書』, 신후담愼後聃(1702~1761)의 『주역상사신편周易象辭新編』, 정약용丁若鏞의 『주역사전周易四箋』(1808)과 『역학서언易學緒言』(1820) 등의 주석서가 있다.

우리나라의 『주역』 연구 성과 가운데 특이한 부분으로 『주역』에 대한 현토懸吐 작업을 들 수 있다. 『주역』에 토를 달아 읽었다는 것은 『주역』을 본격적으로 우리 것으로 소화해서 전수했음을 의미한다. 『주역』에 대한 구결 작업으로는 이미 신라시대에 설총이 방언方言으로 9경을 읽고 가르쳤다는 기록에서 그 기원을 찾을 수 있으나 자세한 내용은 알기 어렵다. 고려 말에 권근이 역경에 토를 달았다고 하고, 세종은 경서의 구결사업을 명하여 최항崔恒·서거정徐居正 등이 참여했으며, 세조 12년 『주역구결』이 완성되었다. 이후에도 구결 작업이 계속되어 조목趙穆(1524~1606)은 이황의 질정을 받아가며 1596년 『주역』의 구결을 완성했고, 이이李珥(1536~1584)도 연보에 『주역』의 구결을 저술했다는 기록이 보인다. 선조 때(1585)에 칠경七經의 언해가 완성되었는데 『주역언해』는 정전程傳을 위주로 했다. 한편 선조 때 최립崔岦(1539~1612)은 주희의 『주역본의周易本義』를 위주로 한 『주역본의구결周易本義口訣』을 완성하기도 했다.

그리고 이황은 『주역』의 구절을 우리말로 설명한 『주역석의周易釋疑』

를 지었는데, 이것을 발전시킨 언해 번역 사업이 진행되어, 선조 때에 사서 삼경 언해가 간행되었다. 『주역언해』는 『주역대전周易大全』에 의거하여 최립·정구鄭逑·홍가신洪可臣·한백겸韓百謙 등의 참여로 이루어졌는데, 정이의 『역전』과 주희의 『본의』가 모두 사용되었다.

조선 말엽에는 정주역학을 벗어난 새로운 기풍이 일어났다. 김항金恒(1826~1898)은 정역팔괘도를 그려서 새로운 시대의 도래를 설명했고, 이병헌李炳憲(1870~1940)은 캉유웨이康有爲(1858~1927)와 교유하면서 금문今文역학을 연구했다. 그리고 이달李達(1889~1958)은 『주역』과 홍범을 깊이 연구하고 이를 우리 고유의 단군사상과 결합시켜 당시 한국의 현실을 설명했으며 새로운 역법을 제창하기도 했다.

그러나 여전히 『주역』은 신비에 싸여 있고, 해석에는 여러 관점이 난무한 상황이다. 『주역』에 대해 조금 더 잘 이해하기 위해 해석의 방법론을 중심으로 글을 편성했다.

2014년 10월
황병기

1장

易

풀이하는 글

1.
『주역』이라는 책의 탄생

　　『주역周易』은 원래 점치는 책이었다. 공자가 이 책에 대한 최초의 주석인 십익十翼을 저술한 이래로 변화의 원리를 담은 철학서로 변모했고, 수많은 주석이 따라붙었다. 『주역』은 육경六經의 으뜸이 되었고, 동양사상의 원천으로 자리잡았다. 사마천의 『사기史記』에는 공자가 만년에 역을 좋아하여 가죽 끈이 세 번이나 떨어질 정도로 『주역』을 읽었다는 내용이 나온다. 이 위편삼절韋編三絶의 이야기는 공자가 『주역』 공부에 얼마나 노력을 기울였는가를 말해주기도 하지만 또 『주역』이 얼마나 난해한 책이었는지를 암시한다.

　　오늘날 우리가 읽고 있는 대부분의 『주역』에는 경문 속에 전문이 섞여 들어가 있다. 경문은 괘사와 효사를 가리키며, 여기에 딸려 있는 「문언文言」 「단彖」 「상象」 「계사繫辭」와 별도로 부속되어 있는 「설괘」 「서괘」 「잡괘」 등은 전문에 속한다. 이른바 십익의 전문이 공자의 저술인지 아닌지는 여전히 풀지 못한 숙제이기는 하지만 십익의 전부 또는 대부분을 공자가 저술

역易, 위대한 미메시스

한 것이라는 주장이 일반적이다. 경문이 되는 괘사와 효사는 그 텍스트의 내용으로 미루어 은주 교체기의 글로 보는 것이 타당할 터이다. 일반적으로 주周나라 초기의 문왕文王이 괘사를 지었다고 하고, 같은 시기의 주공周公이 효사를 지었다는 설이 받아들여지고 있다. 그렇다면 괘사와 효사의 원천이 된 6획 괘는 언제 탄생했을까?

주나라는 중국 상고시대 하·은·주 삼대三代의 하나다. 주나라의 『주역』 이전에도 하나라의 연산連山, 은나라의 귀장歸藏이라는 역서易書가 있었다고 한다. 현재 연산역과 귀장역이라는 책은 극히 일부만 수집되어 전할 뿐 온전한 형태를 알 수 없지만, 괘의 순서에 차이가 있을 뿐 『주역』처럼 8괘와 64괘의 체계를 갖추고 있으며, 각각 괘사와 효사가 달려 있다. 따라서 오늘날 일반적으로 괘효사의 저술을 문왕과 주공에게로 돌리는 것은 『주역』의 텍스트(괘효사)를 말하는 것이다. 『주역』보다 앞서 1000여 년 전부터 연산역의 괘효사가 존재했다. 하나라와 은나라의 역이 있음을 긍정할 때 괘효사는 그 모습을 바꿔왔지만 그것의 원천인 6획 괘의 괘상은 불변의 것이었음을 알 수 있다. 현재로선 최초의 역서인 『연산역』의 원형을 알 수 없고, 괘상의 창작자나 괘효사의 저작자에 대한 정보도 전혀 없다. 어쩌면 『연산역』의 최초 작자가 괘상을 창작해냈는지도 모른다. 그러나 괘효사 이전에 8괘와 64괘의 괘상은 이미 존재했다는 것이 정설이다. 그 창작의 공은 전설 속의 성인인 복희伏羲에게로 넘어간다.

오늘날의 『주역』은 건乾괘로부터 시작하는데, 『연산역』은 간艮괘를 첫머리에 두었고, 『귀장역』은 곤坤괘를 첫머리에 두었다. 간괘의 괘상이 산이라는 점에서 연산連山의 명칭과 일치하고, 곤괘의 괘상이 땅이라는 점에

서 귀장歸藏의 명칭과 통한다. 하·은·주 각각 별도의 역이 존재한다는 삼
역설을 한대漢代에 꾸며낸 것으로 보기도 하지만, 고대에 『주역』과 다른
종류의 점서占書가 있었을 가능성을 무시할 수는 없다. 예를 들어 『서경書
經』「홍범洪範」에 나오는 귀복점龜卜占이라든지, 『춘추좌전春秋左傳』이나 『국
어國語』에 실린 점친 기록을 보면 그 내용 중 일부는 현재의 『주역』에서 찾
아볼 수 없는 것들이다. 연산이나 귀장 같은 고대의 또 다른 점서에서 나
온 것으로 봐야 할 것이다.

　『주역』의 작자에 대해서는 전통적으로 복희가 괘를 만들고 문왕이 괘
사를 짓고 주공이 효사를 지었으며 공자가 십익을 지었다고 전해진다. 복
희는 중국의 삼황오제 중에서도 첫 번째로 출현한 신화적 인물이다. 그
가 사람 머리에 뱀의 몸을 가졌다는 신화가 전해진다. 문왕은 폭군이었
던 은나라 주紂의 핍박을 견디면서 주나라 건국의 기초를 다졌던 사람
이다. 그의 아들 무왕武王(재위 ?~기원전 1043)은 주紂를 타도하고 은나라
를 주나라에 복속시켰다. 『사기』에 따르면 문왕이 주에 의해 유리옥에 갇
혀 목숨이 경각에 달린 위기 속에서 괘사를 지었다고 한다. 주공은 문왕
의 넷째 아들로서 그의 형 무왕을 도와 은나라를 정벌했고 무왕 사후에
어린 조카 성왕成王이 등극하자 그를 보필하여 주나라의 문물제도를 정
립한 인물이다. 공자는 주공을 무척이나 존경했는데, 말년에 이제 늙어서
사흘 동안이나 꿈에 주공을 뵙지 못했다고 탄식했다는 이야기가 전한다.

　공자는 춘추 말의 혼란기에 태어나 일찍부터 학문에 힘을 기울여 유가
뿐 아니라 중국 역사상 최고의 성인으로 추앙받는 인물이 되었다. 공자는
노나라에서 등용되어 사공司空과 사구司寇 벼슬을 지냈고 제자들을 데리

고 위·송·진·채·제·초 등의 여러 나라를 돌아다니며 어지러운 세상을 구하려 했으나 뜻을 펴지 못했다. 후에 노나라로 돌아와 자신의 사상을 전하기 위하여 유가 경전을 정리하고 제자를 가르치는 것으로 일생을 마쳤다. 특히 만년에 『주역』에 심취하여 「단전」 「상전」 「계사전」 등 『주역』을 해설한 10편의 십익을 남겼다고 전한다.

그러나 현대 학자들은 대부분 이 네 사람에 의해 『주역』이 지어졌다는 설에 대해 부정적인 견해를 보인다. 『주역』은 오랜 기간 점을 관장하던 복관卜官들에 의해 점친 기록들이 여러 차례 편집·정리되어 주나라 초기에 완성되었고, 「단전」 「상전」 「계사전」 등은 이들 점사를 후세에 해석한 기록들을 춘추전국시대부터 한나라 초기까지 정리한 것이라고 본다. 복희·문왕·주공·공자에 이르는 사성四聖이 『주역』을 지었다는 설은 진秦·한漢 시대에 지어낸 이야기라는 것이다.

2.
『주역』의 구성

1973년 중국 창사長沙 마왕두이馬王堆에서 비단 위에 쓴 백서본帛書本 주역이 출토되었다. 『백서주역』은 현존하는 가장 오래된 것으로 기원전 168년에 묻힌 것으로 규명되었는데, 글자체로 볼 때 대개 한 문제文帝 초(기원전 180~기원전 170년경)에 쓰인 것으로 추정된다. 『백서주역』은 역경과 서書 두 부분으로 구성되어 있다. 역경은 상·하편으로 나뉘어 있지 않고 64괘의 배열 순서가 지금과는 전혀 다르며, 22괘의 괘명卦名을 비롯한 괘효사에 다수의 가차자假借字가 있다. 권후의 서에는 현행본에서 경문 아래에 편입되어 있던 「계사전」의 일부가 없으며, 「설괘전」 4장 이후와 「서괘전」 「잡괘전」이 없다. 또한 현행본에는 없는 5편의 글 9600여 자가 있다.

이 『백서주역』이 발굴됨으로써 주역 연구의 새로운 전기가 마련되었다. 현행본과의 비교 연구를 통해 십익의 저작 연대를 추정하거나, 이름만 전해지던 『귀장역』과의 관련, 도가道家의 역학 전통과의 관련 등을 추정하는 데 도움이 되었다.

　『주역』을 이해하기 위해서는 그 구조와 개념들을 정확하게 알고 있어야 한다. 『주역』은 경經과 전傳 두 부분으로 구성되어 있다. 괘와 괘효사가 경이며, 이외의 것은 모두 전이다. 괘는 모두 64개로 되어 있으며, 건乾괘와 곤坤괘에서부터 기제旣濟괘와 미제未濟괘에서 마친다. 한 괘에는 획이 6개씩 있다. 제1획에서부터 제6획까지 아래서부터 위로 위치에 따라 순서대로 초, 2, 3, 4, 5, 상획으로 불린다. 획은 두 가지로 되어 있다. 양획은 ━으로 빈 곳 없이 꽉 차 있으며, 음획은 --으로 가운데 3분의 1이 비어 있다. 양획은 튼튼하고 건강한 모습을 지니며 성질이 굳센 것을 상징하기 때문에 강획剛劃이고, 음획은 부드럽고 비어 있어 수용적인 모습을 지니며 성질이 유약하기 때문에 유획柔劃이다. 곧 강유의 성질을 갖는 두 개의 획이 각각 6개로 중첩되어 있는 것이 하나의 괘이며, 이것이 64개가 된다. 이 괘마다 한두 마디의 글이 달려 있는데 이것을 괘에 단 글이라 하여 괘사卦辭라고 한다. 건괘의 경우 "건괘는 크게 형통하고 이로운 점이다乾, 元亨利貞"가 바로 괘사다. 괘사는 한 괘 전체의 성격을 통괄하여 말한 글이다. 반면에 6개의 효마다 각각 몇 마디의 글이 달려 있는데 효에 달린 글이라 하여 효사爻辭라고 한다. 건괘 초효의 경우 "숨어 있는 용이니 쓰지 말라潛龍勿用"고 한 것이 바로 효사다. 효사는 64괘의 6획에 모두 달려 있으므로 384개인데 건괘와 곤괘에는 용구用九효와 용육用六효가 추가되어 있으므로 이를 더하여 386개가 된다.

　십익은 전통적으로 공자의 저작으로 인식되어 『주역』의 체제 안으로 편입될 수 있었다. 십익은 각각 독립적인 10편의 글이며, 이 가운데 「단전

象傳」「상전象傳」「문언전文言傳」은 괘사 또는 효사 하나하나의 뜻을 주석한 내용이며, 「계사전繫辭傳」「설괘전說卦傳」「서괘전序卦傳」「잡괘전雜卦傳」은 전체적인 관점과 이론을 피력한 글이다. 「단전」은 한 괘의 괘사를 부연해서 해석한 글이다. 「상전」에는 대상大象과 소상小象이 있는데, 대상은 괘 전체의 의미를 추론한 글이고, 소상은 각각의 효가 품고 있는 의미를 해석한 글이다. 「문언전」은 건괘와 곤괘에 대해서만 그 의미를 설명했다. 「계사전」은 태극, 음양 등의 개념을 활용하여 『주역』을 철학적으로 설명한 글이다. 「설괘전」은 8괘 각각의 상징을 설명한 글로서 이것이 없으면 『주역』 경문을 해석조차 하기 어렵다. 「서괘전」은 64괘의 순서에 대해 논리적으로 설명했고, 「잡괘전」은 64괘의 의미를 각기 한 단어로 간단하게 해석했다.

원래 『주역』은 경과 전이 서로 분리되어 있었는데, 전을 쪼개어 경에 편입시킨 것은 한나라 때부터 조금씩 시도되었다. 오늘날 우리가 보는 체제로 「단전」 「상전」 「문언전」을 경에 끼워넣은 이는 왕필王弼(226~249)이며, 이후 당대에 『주역』의 정본으로 확정되어 오늘에까지 이르게 되었다.

3.
역경과 역전

    원래 점서였던 『주역』은 이후 철학화되고 지속적으로 새로운 개념들이 탄생하면서 중국인의 우주관과 인간관을 표현하는 아주 중요한 텍스트가 되었다. 중국인의 사유를 사태에서 결정되는 길흉이라는 점의 고정성에서 벗어나게 했으며, 시작과 성장과 절정과 종말이라는 시간의 연속성에 더하여 종말이 또 다른 시작이 되는 순환성까지 담아내는 대단히 유연한 철학적 세계관으로 변모시켰다.『주역』은 유가의 최고 경전이지만 그 발생적 기원은 분명히 점을 치는 데 이용된 점서였다.『주역』은 어떻게 철학서로 변모할 수 있었을까?

    점서에서 철학서로의 변모를 논할 때 일반적으로 하는 오해는 바로 역경은 점서이고 역전은 철학서라고 여기는 것이다. 그러나 철학은 한순간에 창조되지 않는다. 잠재된 것들이 쌓이고 쌓여서 지적으로 표현된 것이 바로 철학이다. 역전의 철학은 사실 모두 역경에 잠재되어 있던 것으로 봐야 한다.

역경은 서점筮占이 토대가 되어 탄생했지만, 서점은 또 그 근원에 귀복점龜卜占이 있다. 이것은 일련의 연속적인 발전과정이며, 철학화된 역전이 비非철학에서 갑자기 태어난 것이 아니다. 비록 미성숙한 단계라고 볼 수는 있겠지만 당시로서는 최고로 높은 단계의 철학으로서, 역전의 철학은 이를 토대로 형성되었다. 점의 원형으로서의 귀복에서 시초蓍草라는 산대를 이용해 점치던 서점筮占으로, 그리고 역경에서 역전으로 점차적으로 발전해온 것이다. 따라서 역학사에서 역전의 저작을 마치 철학화의 진입으로 단순화시켜 보는 것은 오해를 낳기 쉽다.

귀복, 서筮, 역경, 역전으로의 발전 단계에는 완전히 일치하지는 않지만 공통적인 구조와 내용이 존재한다. 역경의 형성 이전, 좀 더 구체적으로는 『주역』에서 거슬러 올라가 『귀장역』과 『연산역』의 역경이 만들어지기 이전에도 괘상卦象의 체계는 존재했다고 봐야 할 것이며, 그것은 이미 고역古易 단계에서 64괘로 정형화되었다. 역경은 괘상과 괘효사로 구성되어 있지만, 가장 근본적인 것은 괘상이다. 64괘의 괘상이 있었기 때문에 괘효사의 찬술이 가능했다. 그런데 『주역』에 사용된 괘상은 이전 시기의 『귀장역』과 『연산역』에 동일하게 쓰인 기호체계다. 순서가 다르고 괘효사의 내용이 조금 다를 뿐이다. 64괘의 기호체계는 직접적으로는 시초점에서 시작된 것이지만, 이러한 기호체계의 출현은 거북점에 근원을 두고 있다. 고대의 기호는 문자의 역할을 수행한다. 대부분의 고대어가 상형언어였다는 점은 인간의 지적 발달 단계에서 사물을 그림으로 표현하고 그림이 기호로 변하며 기호가 문자로 정착되는 과정을 보여준다.

연속적인 철학적 발전이라는 측면에서 보면, 귀복에서 역전 또는 이후

역易, 위대한 미메시스

의 역학에 이르기까지 통일적인 사유 모형이 존재한다는 것을 알 수 있다. 신인합일神人合一 혹은 천인합일天人合一의 모형이 바로 그것이다. 천天과 신神은 인간의 운명을 주재하는 절대적 초월자로 해석되기도 하고, 인간의 가치 근원인 도덕적 인격으로 해석되기도 하며, 우주자연의 이법과 같은 원리적 존재로 해석되기도 한다. 그러나 분명한 것은 천과 인간의 조화 혹은 합일을 강조한다는 점이다.

역경이 그 자체로 철학화되는 방식도 언급할 수 있다. 전통적으로 괘사와 효사의 작자를 문왕과 주공으로 구별하는데, 이는 아마도 괘사와 효사의 역사적 발전 단계를 시간적으로 구별한 의도가 있을 것이다. 곧 『주역』 경문의 괘사가 시기적으로 약간 더 빠르고, 효사가 뒤이어 다른 사람에 의해 창작되었다는 것이다. 괘상은 먼저 존재했고, 여기에 괘사가 추가된 뒤 효사가 찬술된 것이다. 괘상은 원시적 기호체계라 설명 없이는 이해할 수 없다. 64괘의 괘사는 64개의 천행天行과 인사人事를 모두 표현하고 있다. 괘상의 암호 같은 기호를 설명함으로써 철학적 담론이 가능해졌다. 게다가 6개의 획마다 의미를 설명함으로써 위位에 따른 처세를 알 수 있게 되었다. 효위에 대한 인식과 효사의 창작은 『주역』 텍스트가 서법筮法에서 벗어나 철학적 해석을 가능케 하는, 근본적으로 변혁되었다는 것을 의미한다. 효사의 창작은 '—'과 '--'이 존재적인 형식을 가지도록 함으로써 64괘의 모든 효가 독립적 의미를 띠고, 또 모든 괘효사의 해석을 더 이상 점서에 의지하지 않도록 만들었다.

또한 역경에서 간과할 수 있는 것 가운데 하나는 효 하나만의 상을 취하기도 했지만 기본적으로 소성小成 8괘에서 상을 취하여 만들어졌다는 점이다. 이것이 바로 8괘 취상설이다. 64괘를 위아래의 3획괘로 분리하여 8괘의 서로 다른 조합으로 나누어 해석하는 8괘 취상八卦取象은 철학적 해석을 위한 아주 중요한 방법론이 되었다.

이처럼 『주역』은 이미 경문 자체에서 철학적 추동을 하고 있었다. 8괘 취상과 효사의 출현을 통한 해석의 내용들은 역경에서 이미 시작된 것도 있고, 또 역전에서 출현하는 것도 있어서 시기상 차이가 있다.

『주역』이 철학서로 변모되었다는 결정적인 표지는 역전이라는 텍스트와 공자의 해석이다. 『역전』은 8괘의 괘상卦象, 괘덕卦德, 괘위卦位, 괘서卦序의 네 가지 단서를 확립하여 철학적인 관점에서 역경을 해석해 중국 철학에 매우 풍부한 형이상학을 제공했다. 『주역』에 대한 철학적 해석의 관점은 후대에 더욱 철저하게 계승되면서 『주역』은 더 이상 점치는 책이 아니라 우주관과 세계관을 말하는 철학서로 변모하게 된 것이다.

『주역』이 가지고 있는 점의 형식과 내용의 변화 혹은 철학적 해석의 변화는 각각 그 시대의 인식과 사유를 반영한다. 『주역』에서 점과 철학이라는 서로 모순되는 형식과 내용이 동거하는 것, 다시 말해 낙후된 요소들이 발전된 요소들과 공존하는 것은 애초부터 『주역』이 본질적으로 가지고 있을 수밖에 없는 모순이다. 다만 복서의 세계에서 괘효상이 지니는 기능이 신과 인간 사이의 소통에 있었다고 한다면, 철학적 영역에서 괘효상의 기능은 인간의 본래성과 현실성의 일치 혹은 조화라는 형이상학적, 도덕적인 이념의 문제를 다루고 있다는 점에서 구별이 있을 뿐이다.

역경을 이루는 괘상과 괘효사는 상징성과 압축성이 있어 해설서가 없으면 독해하기가 쉽지 않다. 괘효의 구체적 의미와 활용을 괘효사만을 통해서는 완전하게 파악할 수 없다는 것이 문제였다. 이런 이유로 출현한 것이 바로 십익이라고 불리는 역전이다. 중요한 것은 우리가 『주역』을 해석하는 대부분의 관점이 이 역전에 근거하고 있고, 역전은 버젓이 『주역』속에 뒤섞여 들어가 역경보다도 훨씬 더 중요한 역할을 수행하고 있다는 사실이다. 『주역』에 대한 철학적 논의는 역전의 성립 없이는 불가능했을 것이다.

『주역』은 경과 전을 통틀어 동일한 사유체계를 보여주는데 '천인합일天人合一'의 관점이 그것이다. 즉 '천인합일'이라는 사유세계가 『주역』의 모든 역사적 해석에 공통되게 존재하고 있고, 이런 관점을 통해 『주역』의 본질을 살펴볼 수 있다. 물론 천인합일의 발생적 원형은 '신인합일神人合一'이지만 이것은 단지 발생적인 단계의 의미일 뿐 보편성이 없고, 특정한 시기에 제한되기 때문에 모형적 사유가 되기에는 부족하다. 이는 천인합일의 특수한 형태일 뿐이다.

4.
점서에서 철학서로

『주역』을 언급할 때 사람들은 가장 먼저 점占을 연상하게 된다. 『주역』의 근본 성격을 점치는 책으로 규정하는 것은 어쩌면 당연하다. 그것은 역학易學이라는 이름 아래 이루어지는 산명算命의 행위와 결코 무관하지 않다. 이런 통속적인 관점을 일방적으로 잘못된 것으로 비판할 수 없는 이유는 『주역』의 역사적 발생 기원과 직접적으로 연관되기 때문이다.

『주역』을 점치는 책이라고 단호하게 규정하는 사람이 많다. 그들은 『주역』이 점을 치는 복서에서 출발했다는 발생적 기원을 주요 근거로 제시한다. 따라서 『주역』과 점의 관련성에 대한 논의는 필수적이다. 그렇다면 과연 점치는 책인 『주역』이 어떻게 철학서나 수신서로 전환될 수 있었을까? 『주역』이 오경의 첫째 자리를 차지하며 가장 중요한 경전이 된 이유는 그것의 철학적·인문주의적 성격 때문이다. 점서로서의 『주역』만으로는 이런 위치를 차지할 수 없었을 것이다.

점서로서의『주역』이 어떻게 철학적인 내용을 담은 책으로 변신할 수 있었는가? 이런 관점은 귀복점龜卜占에서 서점筮占으로 전환하는 단계와 춘추전국시대의『주역』과 점에 대한 기록에서 가장 분명하게 부각된다. 구체적으로는『상서尙書』『국어』『좌전左傳』『논어』『순자荀子』등에 이런 관점이 등장한다.

『주역』의 철학화가 가능했던 것은 무엇보다도 인간 자신의 자각 및 발견과 맥을 같이한다.

거북이나 동물의 뼈 위에 나타난 자연적 성문成紋을 점치는 사람의 다분히 주관적인 판단에 의지하여 해석하던 귀복점은 수의 연산과 유비적인 논리를 통해 점을 치는 서점으로 대체된다. 고정된 서사筮辭와 괘상을 가진 서점의 출현은『주역』의 형성을 의미한다.

『주역』의 철학적 해석과정에서 가장 중요한 단계는 바로 역전의 탄생이다. 다른 점치는 책들은 철학으로 전환되지 못하거나 현실에 적용되지 못해 거의 사라져버렸지만 오직『주역』만이 살아남았다. 역전은 64괘를 근본적으로 새롭게 해석하도록 만들었는데, 그렇지 않았다면 역학은 점서와 함께 역사에서 사라져버렸을 것이다. 역전이 있었기에 역경을 인문적·철학적으로 새롭게 해석하는 것이 가능했다.[1]

역전이 역경 해석에 영향력을 행사하면서『주역』은 이전과는 전혀 다른 모습을 갖추게 된다. 점서와는 완전히 다른 형이상학과 인문적 도덕윤리를 담은 철학적 텍스트로 변한 것이다.

5.
상징, 문자 그리고 그림

　　괘는 기호 또는 상징이기도 하고 가장 오래된 문자라고도 할 수 있다. 복희라는 전설적 인물이 괘를 지었다는 신화가 전해지는데, 이것은 괘의 기원이 아주 오랜 옛날이라는 데 대한 비유로 이해하면 좋을 것이다. 괘는 3획으로 이뤄진 8종의 8괘가 있고, 6획으로 이뤄진 64종의 64괘가 있다. 8괘는 소성괘小成卦 또는 단괘單卦라 하고, 64괘는 대성괘大成卦 또는 중괘重卦라 한다. 논리적으로는 8괘가 먼저 나오고 그 뒤에 8괘를 중첩해서 64괘가 제작되었다고 보지만, 그렇게 단정할 만한 확실한 근거는 없다. 8괘는 십익에서 거론하고 있을 뿐 경문 자체에는 등장하지 않는다. 경문에는 64괘만 있을 뿐이어서 8괘로부터 64괘를 중첩시켜 만든 것인지는 알 수 없다.

　　8괘의 기원에 대해서는 전통적으로 성인이 천지만물의 상象을 관찰하여 만들었다는 설, 하도河圖·낙서洛書를 본떴다는 설, 시초라는 신비한 풀로부터 나왔다는 설 등이 있다. 현대의 학자들은 성인과 역을 관련시키지 않는 입장에서 전통적인 설과는 다른 관점을 제기한다. 그래서 괘는 문자가 발명되기 전의 원시적인 고문자 역할을 했던 부호나 결승結繩에서 나왔다든지, 시초 뿌리가 합쳐지고 갈라진 모습 혹은 시초를 배열하던 8가지 방식에서 나왔다든지, 귀복龜卜의 갈라진 무늬에서 유래했다는 등의 설이 있고 이외에 상고시대 관직의 표지에서 나왔다는 설도 있다.

먼저 『주역』을 이해하는 데 필요한 괘에 대한 몇 가지 개념과 용어를 도표로 정리하면 다음과 같다.

	一乾 天	二兌 澤	三離 火	四震 雷	五巽 風	六坎 水	七艮 山	八坤 地
卦 (卦體)	☰	☱	☲	☳	☴	☵	☶	☷
卦名 (이름)	乾	兌	離	震	巽	坎	艮	坤
卦象 (자연)	天	澤	火	雷	風	水	山	地
卦德 (성질)	健	說	明	動	入	險	止	順
가족	父	소녀	중녀	장남	장녀	중남	소남	母
동물	말	양	꿩	용	닭	돼지	개	소
신체	머리	입	눈	발	다리	귀	손	배
오행	陽金	陰金	火	陽木	陰木	水	陽土	陰土

맨 윗줄의 일건천一乾天, 이태택二兌澤……에서 일一, 이二, 삼三, 사四 등의 숫자는 복희 선천팔괘도先天八卦圖의 차서에 따라 붙인 수인데, 일반적으

로 이렇게 괘수卦數와 괘명卦名과 괘상卦象을 붙여서 암기한다. 복희가 선천 팔괘도를 지었다는 것은 전설일 뿐 확인할 수 없고, 학자들의 연구에 의하면 복희선천팔괘도는 문왕후천팔괘도와 더불어 모두 송대에 등장한 도판이라고 한다.

괘는 그 형체로 말할 때는 괘체라 하며 괘명은 괘의 고유한 이름이다. 괘덕은 괘의 기능을 표현한 것이며, 괘상은 괘가 갖는 이미지로서 가족, 동물, 신체 등에 배당해서 다양하게 언급된다.

한 괘의 괘명과 괘상 및 괘덕은 서로 연관성을 지닌다. 가령 순양純陽의 괘☰는 건乾이라는 괘명과 하늘이라는 괘상 및 굳건한 괘덕을 갖는 것으로 이해된다. 마찬가지로 순음純陰의 괘☷는 곤坤이라는 괘명과 땅이라는 괘상, 유순함이라는 괘덕을 지닌다. 그래서 태兌괘☱는 못물이 고여 있는 상으로 기뻐하는 덕을 가지며, 이離괘☲는 불의 상으로 밝은 덕을, 진震괘☳는 우뢰의 상으로 움직이는 덕을, 손巽괘☴는 바람의 상으로 바람이 파고 들어가듯 들어가는 덕을, 감坎괘☵는 물의 상으로 험함의 덕을, 간艮괘☶는 산의 상으로 산처럼 두텁고 묵직하게 그쳐 있는 덕을 지닌다고 해석한다.

괘상은 매우 다양하게 언급된다. 말, 양, 꿩, 용, 닭, 돼지, 개, 소 등의 가축을 중심으로 하기도 하고, 머리, 입, 눈, 발, 다리, 귀, 손, 배 등의 신체를 중심으로 하기도 한다. 또 이를 가족관계의 상으로 말하면 건은 부, 곤은 모, 진은 장남, 손은 장녀, 감은 중남, 이는 중녀, 간은 소남, 태는 소녀의 순서로 유비하기도 한다. 이것은 괘의 아래 효로부터 장남·중남·소남, 장녀·중녀·소녀의 순서로 규칙적으로 배당한 것이다.

복희선천팔괘도의 숫자는 선천팔괘도표에서 보는 바와 같이 태극으로부터 음양을 차례차례 분화시켜나간 순서에서 유래한 것이다.

坤 ☷	艮 ☶	坎 ☵	巽 ☴	震 ☳	離 ☲	兌 ☱	乾 ☰
太陰 ⚏		少陽 ⚎		少陰 ⚍		太陽 ⚌	
陰 --				陽 —			
太極 ○							

이 선천팔괘도의 분화 방식을 여섯 번 거듭하면 아래에서처럼 64괘의 차서를 얻을 수 있다. 이를 복희64괘도라고 해서 둥글게 원도圓圖로도 만들고 네모지게 방도方圖로 그리기도 한다.

이외에 팔괘의 배치를 달리하는 문왕후천팔괘도를 언급하기도 한다. 이 문왕후천팔괘도의 순서는 「설괘전」에 있는 내용에 의거한 것이다.

문왕후천팔괘도에서는 방위를 구체적으로 명기하고 있기 때문에 『주역』에서 방위를 말할 때는 앞에서 본 복희선천팔괘도에 의거하지 않고 문왕후천팔괘도에 따르는 경우가 많다.

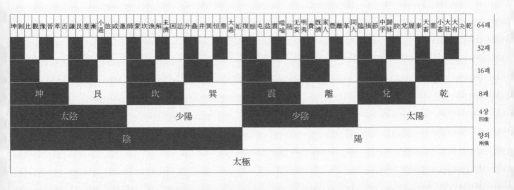

6.
명칭과 의미들

괘명, 괘의, 괘덕, 괘시

예를 들어 건괘의 괘사에 "건, 원형이정乾, 元亨利貞"이라는 문구가 있는데, 여기에서 '건'은 바로 괘의 이름이다. 64괘 모두 괘사 첫 단어는 그 괘의 이름이다. 건乾, 곤坤, 준屯, 몽蒙, 수需, 송訟에서 기제旣濟, 미제未濟 등이 괘의 이름 곧 괘명卦名이다. 괘명은 그 괘의 전체적인 상황을 보여주는 고유명사이며, 괘의 대략적인 의미를 짐작할 수 있다. 건괘의 이름은 건이고, 하늘, 아버지, 굳셈 등의 의미를 표현한다. 곤괘의 이름은 곤이며 땅, 어머니, 부드러움 등의 의미를 갖는다. 이것을 괘의 의미 곧 괘의卦義라 하는데 다른 말로 괘가 가진 성질이라는 뜻에서 괘덕卦德이라고도 한다. 이 괘명의 의미는 괘의 전체적인 뜻을 나타내기도 하면서 그 괘가 처한 상황 곧 시時를 알려준다. 64괘의 괘명은 괘의와 함께 괘시를 두루 표현하고 있다. 한 글자 또는 두 글자로 된 괘명은 그래서 매우 다의적이다.

상사, 점사

주희는 괘효사를 내용상 상사象辭와 점사占辭로 구분했다. 예를 들어 건괘 초9의 효사 "숨어 있는 용이니 쓰지 말라潛龍, 勿用"와 구2의 효사 "나타난 용이 밭에 있으니 대인을 만나야 이롭다見龍在田, 利見大人"에서 '숨어 있는 용'이나 '밭에 나타난 용'은 그 효의 상을 말한 것이고 '쓰지 말라' '대인을 만나야 이롭다'는 말은 그 효의 길흉을 판단한 점으로 본 것이다. 그런데 모든 괘효사가 상사와 점사로 구성된 것은 아니다. 예를 들어 건괘 괘사 "건괘는 크게 형통하고 이로운 점이다乾, 元亨利貞"에는 길흉을 판단한 점사가 없다. 건괘의 상황 내지는 의미를 형용하고 있을 뿐이다. '원형이정'을 점사로 보는 이도 있으나, 점사는 일반적으로 길흉을 지정함으로써 그 점을 만난 사람에게 행동의 지침을 내리는 말이므로, 점사라고 하기에는 다소 부족한 면이 있다.

획, 효, 위

효는 변화를 지칭한다. 그래서 통상 효변爻變이라고 한다. 변하지 않는 것은 획이다. 한 괘는 여섯 획으로 구성되는데 각각의 획이 여섯 곳의 자리에 놓이게 되자마자 효라고 불러야 한다. 제1위부터 제6위까지 놓인 획은 곧 변할 것이기 때문이다. 위位는 바로 괘에 놓인 자리의 위상을 말한다. 한 괘에는 제1위부터 제6위까지 있다. 한 괘는 하나의 상황 전체를 담고 있어 시작과 결말이 있게 된다. 그래서 제1위는 초初라고 하고, 제6위는 상上이라고 한다. 제2위부터 제5위까지 중간에 있는 효들은 한 상황의 발전 단계를 표현하기 위해 순서대로 부른다. 그런데 여기에 변화의 상징수인 9와

6을 더하여 음양을 구별한다. 음양은 각각 노소老少로 구별되는데, 9와 6은 노양과 노음이다. 이미 늙어버린 양과 음은 곧 변할 것을 알기에 변화를 상징하는 수로 효위에 덧붙여진 것이다.

효위爻位는 효의 위치를 말하는 것으로 효의 사회적 지위와 성격을 나타낸다. 초구初九, 구이九二, 육삼六三 등의 효명爻名에서 초初·이二·삼三·사四·오五·상上은 효의 높고 낮은 위치를, 구九·육六은 각각 양·음이라는 효의 성질을 나타내는 기호다.

또 위아래의 위치에 따라서 제1위인 초효로부터 제3위까지를 내괘 혹은 하괘라 하고, 제4위에서 제6위인 상효까지를 외괘 혹은 상괘라 한다. 한 괘에는 하괘와 상괘, 내괘와 외괘라는 두 소성괘 간의 갈등과 조화가 내재되어 있다.

중, 정, 응, 비

중中은 상하괘의 가운데 자리를 의미한다. 64괘는 소성 8괘의 중첩으로 만들어졌기 때문에 기본적으로 위아래의 3획괘가 지닌 성질들이 만나는 것이다. 64괘의 해석을 위해서는 소성 8괘를 토대로 한다. 하괘의 가운데 자리인 제2위와 상괘의 가운데 자리인 제5위가 중中의 자리다. 이 두 자리에 있는 효를 음양에 관계없이 득중得中했다고 한다. 나머지 효는 모두 부득중不得中 혹은 부중不中이라 한다.

정正은 효위에 음양이 개입되어 올바른 자리인가를 판단하는 표현이다. 홀수는 양수이고 짝수는 음수라는 전제 아래, 초初·삼三·오五의 자리는 양위陽位이고, 이二·사四·상上의 자리는 음위陰位가 된다. 양의 자리에 양효가 있는 것, 음의 자리에 음효가 있는 것을 정正이라 한다. 곧 있어야 할 자리에 바른 효가 있음을 가리키는 것이다. 예를 들어 제1위인 초위에 양효가 있으면 정正이 되고, 음효가 있으면 부정不正이라 한다. 곧 음양이 바르거나 바르지 않은 상황에 놓였음을 지시하는 말이다. 득중한 효가 득정하면 매우 길하다. 그런데 일반적으로 중 곧 가운데 자리를 차지하고 있으면 음양을 떠나서 강한 힘을 가지게 되므로 부정 곧 올바른 자리가 아닌 효가 오더라도 크게 영향을 받지 않는다.

응應은 하괘와 상괘의 같은 위치에 있는 효 간의 호응관계를 표현하는 말이다. 소성 8괘는 상중하 세 개의 효로 되어 있는데 대성大成 64괘로 볼 때 상중하의 같은 위치에 있는 효 간의 상응관계인 것이다. 제1효와 제4효, 제2효와 제5효, 제3효와 제6효가 응의 관계를 맺는다. 같은 위치, 같은 처지에 있는 효끼리 서로 의지하고 원하는 관계를 형성하는 것이다.

비比는 이웃하는 효 사이의 음양 상호관계를 가리키는데, 가까이 있어서 서로 영향을 받을 수밖에 없는 관계다. 제2효의 경우 응의 관계는 제5효에 있지만, 서로 멀리 떨어져 있기 때문에 가까이 있는 제1효와 제3효와의 관계가 매우 중요해진다. 예를 들어 준屯괘의 경우 초구효는 양으로 그 위에 음효가 있으므로 초구와 육이는 비比의 관계가 성립되어 가까이하고 서로 영향받게 된다. 비의 관계에 있는 효들은 음과 양, 또는 양과 음으로 되어 있을 때는 서로 가까이하고 의지하지만 음과 음, 양과 양이 될 경우 서로 멀리하는 관계가 된다. 준괘의 육이효는 음이므로 양효인 초구와는 서로 좋아하고 가까이하는 사이가 되지만 위의 육삼효와는 같은 음이기 때문에 멀리하고 싫어하는 관계에 놓인다. 응은 군신과 같은 상하관계나 배우자 같은 정식 남녀관계를 의미하는 데 비해, 비는 대부분 사적이고 비공식적인 관계로 해석된다.

물상

괘의 상과 효의 상은 하나의 상징기호로서 존재하는 것이며, 그 상징기호가 의미하는 내용들이 바로 물상物象이다. 물상은 괘효사를 구성하는 가장 기본적인 요소다. 건괘에 나오는 '용龍', 곤괘에 등장하는 '말馬' 등이 기본적인 물상에 해당되며, 여기에 건괘의 '잠潛' '현見' '비飛' '항亢'과 곤괘의 '이履' '견堅' 등도 모두 물상이다. 엄밀하게 말하자면 건괘 초9 "잠룡물용潛龍勿用"의 '물용'과 같은 점사를 제외한 모든 언어는 넓은 의미의 물상이 된다. '잠潛'과 같은 괘덕도 손巽☴의 물상이다. 이때의 물상은 꼭 어떤 물건의 상만을 가리키는 것이 아니다. 그 괘나 효가 가지고 있는 의義 곧 괘덕도 포함하는 말이다. 건健, 순順, 잠潛 등과 같은 괘덕은 의리역학자들이 말하는 의리의 범주이지만, 그 언어가 이미지와 메시지를 지니고 있기 때문에 물상의 범주에서 논해야 하는 것이다. 필자는 이를 별도로 의상意象이라 구분하여 그것의 의리적 측면을 부각시키겠지만 넓은 의미에서는 물상의 범주 안에 든다. 물상은 『역』을 해석하는 가장 중요한 매개다. 괘효사에서 물상을 취한 것은 모두 「설괘」에 근거한다. 「설괘」는 복희 시대부터 전해온 고문이며 하夏, 은殷 시대에도 변함없이 이용되었고, 주周 시대의 『춘추좌전』과 『국어』의 관점官占에서도 「설괘」의 물상을 두루 취했기 때문에 「설괘」를 통하지 않고는 『역』을 읽을 수 없다. 「설괘」가 중시되어야 하는 이유는 거기에 8괘의 물상들이 적시되어 있기 때문이다.

7.
상의 탄생

『역』의 세계는 현대적 관점에서 보면 가상현실계와 비슷하다. 「계사전」에서 "역은 상이며, 상이라는 것은 본뜬 것이다易者象也, 象也者像也"라고 했듯이 8괘가 상징하는 물상들은 실제의 대상들과 그들의 움직임을 모사한 기호들이다. 말, 소, 수레, 용, 궁실, 활과 화살 등의 대상을 『역』의 체계 속에서 구현하려면 역상易象으로서의 말, 소, 수레 등도 실제의 대상처럼 『역』 속에서 활성화되어 있어야 한다. 영화 「매트릭스」의 가상현실에서 움직이는 것들은 모두 컴퓨터 기호체계이지만 이 기호들의 움직임은 실제의 움직임과 같지 않으면 안 된다. 가상계의 발차기나 건물 뛰어넘기 등의 동작은 실제로는 컴퓨터 기호 조작이지만, 인간의 인식 안으로 들어오게 하려면 실제의 인간처럼 움직여야 한다. 가상현실의 총알도 실제의 총알처럼 날아가며, 가상현실계의 자동차도 실제의 자동차처럼 나아간다.

기호는 약속에 의해 형성된다. 교통 신호를 약속하지 않는다면 도로 주행은 거의 불가능할 것이다. 『역』도 마찬가지로 약속이다. 역경과 역전을 창작한 사람들과 독자가 이 기호체계를 약속하지 않는다면 역경과 역전의 기호 및 문자는 단지 암호로만 남게 된다.

언言, 상象, 의意 가운데 상이 『역』의 제1의적 요소임을 인정한다면 상은 독자에게 파노라마와 같은 구체적 이미지를 떠올리게 하며, 고도의 추상적인 형이상학 체계로는 얻을 수 없는 구체적이며 실존적인 사유를 하도록 이끈다. 이때의 상은 괘상과 효상, 그리고 괘효사 속에 있는 상들이 모두 포함된다.

기호는 인위적 조작에 의해 임의적으로 부여된 명칭이다. 8괘의 명칭이나 물상들은 사람이 정한 이름人立之名이지 자연적으로 실재하는 것이 아니다. 『역』에 대한 모든 신비화적 작업을 에포케epoché(판단 정지)하게 만드는 것이 바로 '인립지명人立之名'이라는 전제다. 괘명과 물상은 최초 약속에 의해 정해진 명칭이므로 그 약속만 지킨다면 언제든 『역』을 만날 수 있다. 이는 마치 파란불일 때 길을 건널 수 있음을 보장받는 것과 같다.

복희로 전해지는 고대의 전설적 인물이 천지를 관찰하여 8괘를 창작했다. 그리고 이 8괘를 중첩시켜서 64괘를 만들었다. 그의 창작은 천지 변화의 양상을 기호화하여 그에 상응하는 성격을 지닌 사물에 빗대어 길흉을 판단하고 윤리적 행동 기준을 마련하는 일로 이어졌다. 그 후 주 문왕과 주공이 그 기호인 괘의 의미를 표현하는 괘사와 효사를 지어 상징의 언어화를 성취했다.

『역』이 약속의 체계라는 것에 대해 누구도 이의를 제기하지 않는다. 역학자들에게 중요한 것은 그 약속체계가 어떤 목적에 어떤 방식으로 기여하는가이다.

8.
기호의 메시지

　　이미 상징성을 띠게 된 기호 메시지는 문자의 발명만큼이나 인류 역사상 커다란 의미를 지니고 있으며, 그것은 또 하나의 문자 역할을 한다. 근취近取나 원취遠取를 통해 얻어진 상징기호인 8괘는 단순기호가 아니라 복잡기호로서 작용하는데, 이는 한 단어적 의미가 아니라 하나의 문장을 표현하는 복잡문자다. 기본적으로 음--과 양—이라는 단수의 획도 상징성을 띠지만 『역』에서 활용되는 상징은 소성 8괘를 기본으로 한다. 왜냐하면 8물八物의 단계에서 비로소 구체적 물상이 얻어지기 때문이다.

　　예술작품은 그것을 감상하는 사람에게 그림 자체로 제시되므로 여러 해석이 가능해진다. 그러나 기호 메시지는 예술작품과는 달리 기호에 대한 지식의 내용에 따라 일정한 해석이 이루어진다. 이는 문자에 대한 해독과 마찬가지로 기호 읽기다. 기호읽기는 그것이 기호인 한에서 이를 어떻게 조합하고 이해하는가에 따라 해석이 달라질 수 있다. 더구나 8괘 또는

64괘는 복잡기호로서 더 많은 해석의 개연성이 존재한다.

그리스 역사가 헤로도토스는 페르시아 왕 다리우스에 대한 흥미로운 일화를 소개하고 있는데, 이를 통해서 서로 다른 해석의 개연성을 살펴볼 수 있다. 스키타이의 왕들이 사신을 통해 다리우스에게 새 한 마리와 쥐 한 마리, 개구리 한 마리, 다섯 개의 화살이 담긴 선물을 보냈다. 다리우스는 이 선물을 스키타이의 왕들이 그들의 영토와 하천을 포기하고 항복한다는 의미로 해석했다. 왜냐하면 쥐는 땅에 살고, 개구리는 물에서도 살고, 새는 군마軍馬와 닮았으며, 다섯 개의 화살은 전쟁 무기를 가리키는 것이므로, 이것들을 선물했다는 것은 항복을 뜻하는 것이라 생각했기 때문이다. 그러나 다리우스의 대신 중 한 사람은 전혀 다른 의미를 추론해냈다. 왕이 새가 아닌 이상 하늘을 날 수 없고, 쥐가 아니므로 땅 속에 숨을 수도 없고, 개구리가 아닌 이상 호수에서 뛰어놀 수도 없기 때문에, 결국 다섯 개의 화살을 맞고 다시는 고국으로 돌아갈 수 없게 될 것이라고 해석한 것이다. 헤로도토스의 이 일화는 구체적인 이미지들을 떠올리게 한다. 이렇듯 말 아닌 기호는 글이나 말보다도 더 많은 내용을 이야기해준다. 글과 말로 직접 전달하는 것과는 달리 그것이 어떻게 조합되고 배열되는가에 따라 의미가 달라지기 때문이다.

이 일화와 같은 판단의 상이성은 『주역』에 전반적으로 나타나는 개연성이다. 수많은 역학자가 나타났지만 어느 하나 동일한 것이 없으며, 특히 점에 있어서는 더더욱 그러하다.

기호의 근본적인 기능은 상관관계가 없는 관계에 상관성을 부여하는

데 있는 것 같다. 기호는 관계를 직접 실행하지 않고 필요할 때마다 이루어지도록 보편적인 규칙과 습관을 구축한다. (…) 우리의 모든 지식과 사고는 기호를 통해 이루어진다. 기호란 한쪽에는 대상이, 다른 한쪽에는 해석 내용이 존재하는 것이며, 해석 내용과 대상 사이에는 고유한 상응관계가 유지된다.[2]

즉, 대상과 그 의미 사이에 기호라는 매개가 개입되지 않으면 그 둘의 상관성을 인식할 수 없다. 따라서 인식의 전제 조건의 하나로 기호는 반드시 존재해야만 하고 실제로 의식된 기호이든 아니면 무의식의 기호이든 간에 인간은 기호를 통해 사유하고 있다. 따라서 "세상은 기호로 가득 차 있다"[3]는 롤랑 바르트의 언명은 의미 있는 것이 된다.

기호학자들의 논의는 기호와 대상, 기호와 의미 내용이라는 기호의 일대일 대응관계를 지적한다. A라는 대상은 A¹이라는 기호의 매개를 통해 A²라는 의미 내용을 확보한다는 것이다. 그러나 이 A가 단순기호가 아니라 복잡기호일 때는 단순한 일대일 대응으로는 설명되지 않는 추론의 영역이 존재한다. 이때 A²는 복잡기호를 해체하여 나열한다고 해서 얻어지는 것이 아니다. 해체된 복잡기호의 재배열을 통해 A² 또는 그 이상의 A³, A⁴……라는 포괄적 의미를 얻어낼 수 있어야 한다. 『주역』의 해석은 태생적으로 3획 괘를 바탕으로 하기 때문에 출발 단계에서부터 이미 복잡성을 띠고 있다. 음양의 1획은 양대 극단의 표현으로서 복잡성의 극치이지만, 음양으로는 태극의 파동 이미지밖에 얻을 수 없어 구체적 물상의 상호 조합을 연상하기 어렵다. 게다가 64괘는 3획괘의 중첩임과 동시에 1획의 여섯 차례 중첩이기 때문에 더더욱 복잡할 수밖에 없다.

『주역』의 이러한 태생적 복잡성을 이해하기 위해 독자들이 동의 가능한 방법론을 이용하면서 6획괘 안에서 활성화되는 상들을 배열하여 그 전체의 의미를 판단해야 한다. 그러기 위해서는 상징기호가 갖는 메시지를 분석해야 한다.

9.
기호체계를 해석하는 몇 가지 방법

추이推移는 벽괘辟卦가 연괘衍卦로 확장되어가는 것을 표현하는 용어다. 벽괘는 64괘 중에서 가장 핵심적인 괘를 말하며 14괘로 구성된다. 이것이 확장되어 50연괘로 옮겨간다. 동지에 1양이 처음 생겨나서 복復괘▓▓가 되는데, 한 달마다 양이 하나씩 자라나면 임臨괘▓▓가 되고 또 태泰괘▓▓가 되며 대장大壯괘▓▓가 되고 더 나아가 쾌夬괘▓▓가 되며, 마지막에 6음이 다 자라나면 건乾괘▓▓가 된다. 하지에 다시 1음이 자라나기 시작하여 구姤괘▓▓가 되고 달마다 1음이 자라나 돈遯괘▓▓가 되며 비否괘▓▓가 되고 관觀괘▓▓가 되고 더 나아가 박剝괘▓▓가 되며 최종적으로는 곤坤괘▓▓가 된다.

이렇게 하여 열두 달, 즉 사시를 상징하는 괘가 하나씩 설정된다. 여기에 재윤再閏의 괘로서 소과小過괘▓▓와 중부中孚괘▓▓를 벽괘에 포함시킨다. 재윤의 괘까지 포함시켜야 사시의 순환과 반복을 제대로 표현할 수 있기 때문이다. 이 14벽괘의 강획과 유획들이 위아래로 옮겨다니면서 자리 이동을

하는 것이 곧 추이다.

호체互體는 6획괘의 중간에 있는 효들로 구성되는 괘를 말한다. 왕필 등은 호체설을 반대했지만 대부분의 역학자는 이를 채택하고 있다. 주자도 "호체는 폐할 수 없다"[4]고 말한 바 있다. 호체에는 여러 형태가 있다. '대체大體'는 호체 가운데 큰 것으로서 4획 또는 5획을 가지고 논한다. '겸체兼體'는 1괘 전체를 가지고 호체를 취한 것으로, 중괘가 성립되면 천지인天地人 3재才의 자리가 확정되므로 그 각각을 둘씩 묶어 또 하나의 8괘를 구성한다. '도체倒體'는 괘의 성질을 온전하게 다 쓰기 위해 본괘를 뒤집어 활용하는 것이다. '복체伏體'는 6획의 자리에 근거하여 수를 고찰해볼 때 겉으로 드러나지 않지만 감坎과 이离의 수가 실제로 그 속에 잠재해 있다고 보고 활용하는 것이다. 하괘는 다 이☲이고 상괘는 다 감☵이 되는데 제1, 2, 3효는 홀수-짝수-홀수로 되어 있고, 제4, 5, 6효는 짝수-홀수-짝수로 되어 있기 때문이다. '반합牉合'은 혼인의 상상象과 관련된 괘의 경우 소남少男과 소녀少女 중 어느 한쪽이 거꾸로 되어서 서로 마주하기 때문에 활용하는 것이다. 이러한 호체설은 「설괘」의 물상이 누락된 것을 보충하는 한 설명 방식이다. 새로운 호체괘가 형성되면 거기서 각각 새로운 물상을 추출해낼 수 있기 때문이다. 이러한 호체설은 물상으로 64괘 전체의 괘효사를 해석할 토대를 마련해주는 것이기도 하다.

효변爻變은 효의 변화를 지칭하는데, 효를 언급하게 되면 그것은 이미 변효變爻를 가리킨다. 효변을 취하지 않으면 추이의 방법이 통하지 않는다. 효가 변하면 그 지괘之卦를 잡고 그것의 추이를 거슬러 따져보아야 하는데, 지괘란 바로 효인 것이다. 또 효변을 취하지 않으면 「설괘」의 물상을 운용할 방법이 없고, 호체의 물상도 적용할 길이 없다. 효는 한 괘에서 6위 가운데 어느 한 자리가 변하여 다른 괘로 전이되는 과정을 표현한다.

10.
『역』의 신비화와 신성화

　　『역』의 신비화는 두 방면에서 진행되었을 것이다. 작자의 의도에 의한 것이거나, 작자는 의도하지 않았으나 독자의 눈에 신비화되어 형성된 하나의 관념이다. 무언가가 신비롭게 비친다는 것은 그것이 본래 미지未知의 것이거나 혹은 관찰자에게 미지의 것으로 인식되기 때문이다.

　　'주역周易'이라는 책 이름이 처음으로 등장하는 곳은 『춘추좌전』이다. 노나라 장공莊公 22년(기원전 672) 조에 "주의 사관이 '주역'을 들고 진후陳侯를 알현한 일이 있는데 진후가 그에게 시초점을 치게 했더니 관지비觀之否가 나왔다"[5]는 기록이 그것이다. 그러나 『논어』『장자』『순자』『관자管子』『예기禮記』『사기史記』 등에서는 대부분 '역易'으로만 언급되고 있다. '역경易經'이라는 명칭은 『한서漢書』에서 비롯되는데, 「예문지藝文志」에서 반고班固가 "역경 12편은 시수施讐와 맹희孟喜, 양구하梁丘賀 이 세 학자의 것이 있다"[6]라고 하여 『역』을 경의 위상으로 격상시키고, 복희, 문왕, 공자 이 세 성

역易, 위대한 미메시스

인의 권위에 기대어 『주역』의 성립과정을 신성화시켰다.

『역』은 가장 오래된 책이며 가장 신성한 글로 되어 있고 또한 가장 난해한 책으로 인식되어왔다. 공자도 『역』을 연구하면서 가죽 끈이 세 번이나 끊어졌다고 할 정도로 현재뿐 아니라 당시에도 그것의 난독성難讀性은 대단했다. 그리고 이러한 난독성이 신비화와 신성화의 빌미를 주었다. 여기서 신비화와 신성화라는 두 용어를 구별할 필요가 있다. 신성화는 비교적 긍정적인 의미에서 『역』을 상향 평가하려는 의도를 지칭하며, 신비화는 부정적인 의미에서 『역』을 상향 평가하려는 의도를 가리킨다. 『역』에 대한 평가에 이 두 측면은 동전의 양면처럼 따라다닌다.

『한서』「예문지」(서기 82)에서 반고가 "세 성인을 거치고 고대의 세 시기에 걸쳐 이루어졌다"[7]고 한 평가는 중국의 전통적 복고주의에 따른 최초의 신성화라 할 수 있다. 반고는 복희가 8괘를 만들고 문왕에 와서 64괘로 중괘重卦가 되었으며, 여기에 공자가 십익을 보강했다고 보았다. 세 사람의 성인을 거치고 그 오랜 세월을 지내면서 완성된 『역』이야말로 신성하기 그지없다는 것을 보여주기 위한 의도였다. 이러한 신성화가 낳은 『역』에 대한 전통적인 견해는 경과 전이 모두 신성한 글로서 천지인 3재의 도를 갖추고 있어서 모든 존재의 생성과 변화를 설명하는 데 부족함 없는 절대적 진리를 담고 있다는 것이다. 따라서 역학자의 임무는 주석을 통해 그 오묘한 비밀을 밝혀 성인의 도를 드러내는 것으로 여겨졌다.

그런데 과연 『역』이 신비로 가득하여 알 수 없는 영역의 것일까? 『역』에는 알지 못할 혹은 성인에 의해 설명되지 않고 남겨지거나 숨겨진 그 어떤 것도 존재하지 않는다. 성인이 자신의 과업을 멈춘 시점에 이미 『역』은 분명하게 설명되어 있었다고 봐야 할 것이다. 만약 성인이 백성을 위해 문물 제도를 제정하면서 한편으론 『역』을 지어서 신비를 추구했다면 그런 사람을 우리가 성인으로 받들 수 있을까! 『역』에는 지혜와 책략이 발휘되어 알아낼 수 없게끔 신비화된 것이란 없다. 또 신기한 것들을 이용하여 사람들을 속이는 내용도 없다. 사람들을 놀라게 하고 쩔쩔매게 만들 만한 내용도 없다. 사람들의 눈과 귀를 멀게 할 만한 복잡하고 까다로운 내용 또한 없다.

곧 성인이 사람들로 하여금 지식을 얻어 깨우칠 수 있도록 『역』이라는 책을 지어 가르친 것이지 쉽게 알아차릴 수 없도록 구성하여 신비화시킨 『역』을 통해 자신의 존엄성을 확보하려고 한 것이 아니다.

그런데 하도河圖나 낙서洛書를 믿는 사람들은 『역』을 신비화시키는 부류들이다. 하도와 낙서 등에 나오는 숫자들은 생성生成의 수나 태극 분화의 이치와는 아무런 상관이 없다. 예를 들어 9, 6, 7, 8 등의 숫자는 괘의 획이 변하는가 변하지 않는가를 표시해주는 기호에 불과하다. 상수역학자들이 수를 중시하는 이유에는 『역』을 억지로 신비화시키려는 숨은 의도가 있다.

『역』에 있는 물상과 괘효사를 수학 공식 풀듯이 풀어나갈 수 있다고 생각하는 것은 지나친 욕심이다. 복희 때에 8괘와 64괘가 동시에 이루어지고, 문왕 때에 괘사가, 주공 때에 효사가 이루어졌다고 한다면 시간 간격으로 보더라도 2000~3000년이라는 긴 집적이 있었을 터인데, 더군다나 현재의 시점에서 이 긴 시간의 터널을 동일한 등식을 적용하여 통과할 수는 없다.

역易, 위대한 미메시스

그러나 아무리 복잡한 세계라고 해도 해석의 원칙을 세우고 공통의 전제를 세운다면 접근이 가능할 것이다.

11.
신비로부터의 탈출

『역』의 신비에서 벗어나는 길은 「설괘」에 있다. 괘효사에서 상을 취한 것은 모두 「설괘」에 근거한다. 하나라의 『연산역』과 은나라의 『귀장역』에서도 「설괘」의 물상을 그대로 이용했고, 주대의 『춘추좌전』과 『국어』의 관점官占에서도 「설괘」의 물상을 두루 취한 까닭에 「설괘」를 통하지 않고는 『역』을 읽을 수 없다. 「설괘」가 중시되어야 하는 것은 거기에 8괘의 물상들이 적시되어 있기 때문이다. 「설괘」는 8괘라는 암호에 대한 일종의 암호해독서다. 암호를 해석하려면 난수표가 반드시 필요하듯이 『역』을 이해하려면 「설괘」를 이용하지 않을 수 없다.

건괘 초구 "잠룡물용"에서 '잠潛'과 같은 괘덕도 손巽☴의 물상이다. 「계사전」에서 "손칭이은巽稱而隱"(손은 걸맞지만 숨는다)이라 했고, 「잡괘전」에서 "손복야巽伏也"(손은 엎드림을 뜻한다)라 했으며, 「설괘전」에서 "손입야巽入也"(손은 들어감을 상징한다)라 했으니, 손에 숨음·엎드림·들어감의 상이 있음을 알 수 있다.

왕필은 물상에 주의하지 않았다. '득의망상得意忘象'론을 세워 상을 의미를 파악하는 사다리 정도로 인식했다. 그는 노장의 영향을 받아 무형의 도를 중시하면서 상을 버린 것이다. 역대의 역학자들은 상만 가지고 역을 해석하는 데에 매우 곤혹스러워했다. 그들 나름의 해석 원칙에 따를 경우 물상과 괘효사가 완전하게 일치하지는 않았기 때문이다. 그래서 「설괘전」에 없는 물상을 새롭게 보충한 학자도 있고, 정현鄭玄은 원문을 수정하기까지 했다. 그러나 물상에 누락된 것이 있다 하여 상 자체를 폐기하거나 전거가 부족한 상을 편입시키는 것은 모두 원의에 철저하지 못한 것이다.

괘효사의 용, 말, 소, 양 등은 틀림없이 그 괘에 이러한 물상이 있는 것이니 「설괘」에서 말한 것과 같다. 가령 건괘䷀는 복괘䷗로부터 성장해 나아가는데, 매번 하나의 진震☳를 얻어 한 걸음씩 나아가므로 「설괘」에서 진震으로 용을 상징했고, 건괘의 6효를 드디어 6룡이라 이름한 것이다. 한나라의 역학자들 가운데 경방·마융·정현·우중상·순자명 등과 같은 이들도 물상을 떠나서 『역』을 말한 적이 없는데, 오직 왕필만이 「설괘」를 버리고 사용하지 않았다.

예를 들어 건괘의 6효에 모두 용이 등장하는데, 괘상에서 이 물상을 발견하지 못하면 왕필처럼 전혀 엉뚱한 설명을 하게 된다. 왕필은 『주역약례』에서 "뜻이 만약 강건함健에 응한다면 어찌 꼭 건乾이 말을 상징해야만 하겠는가? 어떤 사람은 말을 건의 상징물로 고정시켜 글에 따라 괘를 따질 때 말은 있는데 건이 없으면 거짓된 주장을 마구 부풀려서 실마리를 잡기가 어렵다. 호체互體로도 부족하면 마침내 괘변卦變에까지 미치고, 괘변으로도 부족하면 5행을 추리해내기까지 한다. 한번 그 근원을 잃으면 교묘함이 더 심해져서 더러 우연히 맞는다 하더라도 의미를 받아들일 수 없다"[8]라고 지적한 바 있다. 왕필은 건괘에서 용이라는 물상을 추출해낼 수가 없었던 것이다. 왕필이 맞닥뜨린 곤란은 「설괘전」에서 "건위마乾爲馬"라고 분명히 건의 물상으로 말을 들었는데 이 말을 가지고는 도저히 건괘의 6효 효사를 해석할 수가 없었던 것이다. 왕필이 예로 들고 있는 호체설로도 해석할 수 없고 괘변설로도 풀이할 수가 없었다. 그가 한나라 시기의 복잡한 상수역학에서 의리역학으로의 역학사적 전화과정에 놓여 있던 인물이라 하더라도 『역』의 탄생과 함께 있어왔던 「설괘」를 바탕으로 하지 않고, 더구나 선대의 역학적 성과를 전혀 수용하지 않은 것은 당대적 유용성이 있었을지라도 역학 본래적 측면에서는 해악일 수밖에 없다. 왜냐하면 건괘에는 분명하게 용이 괘상에 드러나 있기 때문이다. 게다가 「설괘전」의 "진위룡震爲龍"이라는 물상과 완벽하게 일치한다. 건괘는 복괘로부터 양이 한 획씩 전진하여 임臨괘, 태泰괘, 대장大壯괘, 쾌夬괘를 거쳐서 완성되는 괘다. 이때 밀고 올라가는 양陽을 진震☳으로 표현할 수 있다. 복괘☷의 경우 하괘가 진☳이며, 임괘☷의 경우 아래의 호체가 진이다. 태괘의 경우 제3효부터 제5효까지 즉 위의 호체가 진이다. 대장괘☳의 경우 상괘가 진이다. 쾌괘☱의 경우는 제5, 6효와 연이어 다가올 구姤괘☴의 제1효가 진을 구성한다.

8괘는 기호에 해당될 뿐이다. 언어(말)와 대비시켜 논할 경우 8괘는 문자에 비유될 수 있다. 어떤 문자나 기호가 설명되지 못한다면 그 문자나 기호는 아무 의미 없는 그림에 불과하다. 문자나 기호가 의미를 갖기 위해서는 문자에 대한 교육이 필요하고, 기호에 대한 해설이 필요하다. 그 해설서가 바로 「설괘」다. 「설괘」에는 8괘에 해당되는 상들이 예시되어 있다. 양, 소, 말, 돼지와 하늘, 임금, 아비, 보옥 그리고 머리, 배, 다리, 정강이 등의 물상과 굳셈, 순함, 움직임, 들어감 등의 의상意象이 자세하게 제시되어 있다. 왜 이렇게 많은 종류의 물상과 의상들을 한 권으로 묶어 설명해야 했을까? 처음부터 그것은 8괘라는 기호 해설을 위해 지어진 것이기 때문이다. 이 해설서를 이해하면 『역』은 마치 암호가 풀리듯 저절로 이해된다.

이 8괘를 중첩하여 64괘를 만드는데, 64괘에는 중심적인 괘와 부속적인 괘가 있다. 이를 각각 벽괘辟卦와 연괘衍卦라고 한다. 벽괘는 같은 성질의 획들이 모여 있는 괘로서 복復괘☷로부터 양획이 외괘를 향해 나아가면서 그 세력이 자라나는 것, 구姤괘☰로부터 양획이 음획에 밀려 물러나면서 그 세력이 약해지는 것 등을 형상화한다. 이 진퇴소장進退消長의 이미지는 사계절의 12개월에 각각 배당시켜 형상화한다. 이렇게 중심이 되는 괘들이 변화하면서 발생 가능한 뭇 상황萬物을 이미지화할 수 있게 되는데, 각각의 양획과 음획이 외괘에서 내괘로 또는 내괘에서 외괘로 오르내리거나 각각의 내외괘 안에서 자리를 바꾸는 과정을 통해 연괘로 확장되면 뭇 상황의 변화 양상을 표현할 수 있다.

12.
사계절의 순환과 음력의 형상

사계절 중 가장 추운 절기인 동지冬至에 1양이 처음 생겨나는데, 이것이 복復괘가 된다. 이는 순수한 음, 순수한 양이라도 그 안에 대립적인 양과 음이 내재해 있다는 관념에 근거한다. 정지한 것에 운동성이 내재되어 있지 않다면 그것은 영원히 정지해 있을 테지만, 정지한 상태가 극에 달하면 내재된 운동성이 발휘되어 다시 운동한다. 이것이 동중정動中靜, 정중동靜中動이며, 물극필반物極必反, 궁즉통窮卽通의 원리다. 양이 하나둘씩 쌓여가면서 임臨괘가 되고 태泰괘가 되며, 대장大壯괘, 쾌夬괘가 된다. 건乾괘에 이르면 6양이 이루어진다. 하지에 1음이 처음 생겨나는데 그 괘가 구姤괘다. 음이 점점 불어나면서 돈遯괘가 되고 비否괘가 되며, 관觀괘, 박剝괘가 된다. 곤坤괘에 이르면 6음이 이루어진다. 이것이 이른바 사시의 괘다. 곧 한 괘를 한 달에 배당하는 것이다.

복괘☷☳는 자월子月(11월)에 배당된다. 임괘☷☱는 12월, 태괘☷☰는 1월, 대장괘☳☰는 2월, 쾌괘☱☰는 3월, 마지막에 6음이 다 자라나면 건괘가 되고, 건괘

▆는 4월의 괘가 된다. 다시 1음이 자라난 구괘▆는 5월, 돈괘▆는 6월, 비괘 ▆는 7월, 관괘▆는 8월, 박괘▆는 9월, 6음이 다 자라난 곤괘▆는 10월이 된다. 이렇게 하여 열두 달 사시를 상징하는 괘가 하나씩 설정된다. 이것을 64괘 가운데서도 핵심적이라 하여 벽괘라 부른다. 벽괘라는 용어는 이미 한대부터 있었다. 12벽괘는 12월괘 또는 12소식괘消息卦라고도 불리는데, 12월괘와 12소식괘라는 용어는 맹희孟喜의 역에 연원하는 것이지만, 경방 京房 및 『역위易緯』를 거치면서 역학사에 매우 큰 영향을 미쳤다. 후한 이후 상수역학자들은 12월괘설을 채용하여 주석을 달았고, 이정조李鼎祚의『주 역집해』에 이와 관련된 주석이 많이 수록되어 있다. 예를 들어 곤괘 초육 의「상전」"서리를 밟으면 단단히 얼게 된다는 것은 음이 응결하기 시작해 그 도에 순종하여 단단한 얼음이 얼기에 이르는 것이다履霜堅氷, 陰始凝也, 馴 致其道, 至堅氷也"아래 수록된 구가역九家易의 주석 "초육은 구괘가 시작되는 곳이며 구괘는 5월이 된다. 한더위에 단단한 얼음을 말하는 것은 5월에 음 기가 땅속에서 생기기 시작하기 때문이다初六始姤, 姤爲五月. 盛夏而言堅冰, 五月 陰氣始生地中"[9]라는 것이 맹희의 12월괘를 적용하여 주석한 것이다. 또 곤괘 상육 효사 "용이 들판에서 싸운다龍戰于野" 아래에 순상荀爽의 주석이 수록 되어 있는데, 그가 "소식의 자리이니 곤괘가 해에 있다消息之位, 坤在於亥"[10]라 고 한 것도 12월괘를 이용한 것이다. 이때의 해亥는 곧 10월을 뜻한다. 열 두 괘를 열두 달에 배당하는 것은「계사상전」의 "변하여 통함은 사시에 짝한다變通配四時"에 근거한다.

「계사전」원문의 '배천지配天地'에서 천지는 소성小成 8괘로서의 건과 곤 에 비유된다. 그리고 사시四時는 12벽괘로 비유했다. 12벽괘 안의 건괘와 곤괘는 중괘로서의 괘를 지칭한다. 12벽괘를 열두 달에 배당하는 것은 「계사전」의 "변하여 통함은 사시보다 큰 것이 없다變通莫大乎四時"에 근원한다.

「계사전」의 "변화하여 마름하는 것을 변이라 하고 밀어 옮겨가는 것을 통이라 한다化而裁之謂之變, 推而行之謂之通"에 따르면 '화이재지化而裁之'가 곧 변이며, '추이행지推而行之'가 곧 통이다. 예를 들어 비괘䷇ 상육의 양획이 '화이재지'하여 내괘의 맨 위로 옮겨가서 내괘가 간☶이 되고 외괘는 태☱가 되면 택산함澤山咸괘䷞가 된다. 태괘䷹로부터 볼 경우, 초육의 양획이 음으로 변화하여 손☴이 되고, 원래의 음이 외괘로 나가서 진☳이 되면 뇌풍항雷風恒괘䷟가 된다. 이것이 바로 '변통變通'이다.

그러나 태양력과는 달리 음력에는 1년 12개월 외에 5년 사이에 두 차례 윤달이 찾아온다. 12벽괘로 열두 달을 상징할 수 있지만, 윤달을 상징할 수는 없다. 윤달을 상징하기 위해 소과小過괘䷽와 중부中孚괘䷼가 필요하다. 이 두 괘는 8괘의 형태를 그대로 지니고 있기 때문이다. 소과괘와 중부괘는 감坎과 이離로부터 변화하여 다시 감괘와 이괘가 되는 괘들이다. 감☵과 이☲는 소성 8괘의 하나인데, 64괘로 중첩된 이후에도 8괘로서의 감과 이의 모양을 갖추고 있는 것은 소과괘와 중부괘뿐이다.

12월괘를 분석해볼 때 이들은 모두 소성 8괘의 64괘 내에서의 확장에 속한다. 임괘䷒와 돈괘䷠는 진☳과 손☴의 64괘적 확장이며, 관괘䷓와 대장괘䷡는 간☶과 태☱의 64괘적 확장이다. 복괘䷗, 박괘䷖, 구괘䷫, 쾌괘䷪는 진☳, 간☶, 손☴, 태☱가 건☰, 곤☷과 합하여 이루어진 것이다. 비괘䷋와 태괘䷊는 건☰과 곤☷이 서로 합쳐진 것이다. 건괘䷀와 곤괘䷁가 건☰, 곤☷의 64괘적 확장임은 두말할 나위 없다. 따라서 중부괘와 소과괘는 이☲와 감☵의 64괘적 확장인 것이다. 「계사전」에서도 "넷씩 세어 사시를 상징하고 남는 것을 손가락 사이에 끼어 윤달을 상징한다揲之以四, 以象四時, 歸奇於扐, 以象閏"고 했다.

소과괘와 중부괘는 12벽괘와는 다르지만 두 효씩 서로 모여 있어 괘의 모양이 단정하기에 50연괘와는 구별된다. 50연괘는 음효와 양효가 어지럽고 치우쳐 있어 괘의 핵심이 될 수 없으나, 중부괘와 소과괘는 소성 8괘의 원형을 그대로 유지하고 있어 핵심 괘로 삼기에 부족함이 없다.

13.
만물 변화의 형상

　　이렇게 14벽괘가 설정되고 나면 비로소 50연괘로의 추이推移를 논할 수 있게 된다.

　양이 하나인 괘는 복괘와 박괘로부터 오르내리며, 음이 하나인 괘는 구괘와 쾌괘로부터 오르내린다. 양이 둘인 괘는 임괘, 관괘, 소과괘로부터 오르내리며, 음이 둘인 괘는 돈괘, 대장괘, 중부괘로부터 오르내린다. 양이 셋인 괘는 태괘로부터 오며, 음이 셋인 괘는 비괘로부터 온다.

　연괘 가운데 1양陽의 괘는 모두 4개다. 즉 사師괘, 겸謙괘, 예豫괘, 비比괘가 그것인데, 이들은 복괘▆와 박괘▆가 추이한 괘들이다. 그리고 1음陰의 괘도 4개가 있다. 동인同人괘, 이履괘, 소축小畜괘, 대유大有괘가 그것인데, 이들은 구괘▆와 쾌괘▆가 추이한 괘들이다.

　50연괘 가운데 2양의 괘는 12개다. 그중 준屯괘, 몽蒙괘, 이頤괘, 감坎괘는 임괘▆와 관괘▆가 추이한 것이며, 승升괘, 해解괘, 진震괘, 명이明夷괘는 임괘와 소과괘▆가 추이한 괘다. 또한 췌萃괘, 건蹇괘, 진晉괘, 간艮괘는 관괘와 소과괘가 추이한 괘들이다. 2음의 괘도 12개다. 그중 정鼎괘, 혁革괘, 이離괘, 대과大過괘는 돈괘☲와 대장괘☲가 추이한 것이고, 송訟괘, 무망無妄괘, 손巽괘, 가인家人괘는 돈괘와 중부괘☲가 추이한 것이다. 또한 수需괘, 대축大畜괘, 규睽괘, 태兌괘는 대장괘와 중부괘가 추이한 것이다.

　태괘와 비괘는 모두 3양과 3음으로 된 괘이지만, 3양이 내괘에 있는 태괘는 양괘라고 부르며, 3음이 내괘에 있는 비괘는 음괘라고 한다. 3양의 괘인 태괘가 추이한 괘는 모두 9개다. 2양이 하괘에 남아 있고, 상괘에 양이 하나만 있는 항恒괘, 정井괘, 고蠱괘, 풍豐괘, 기제旣濟괘, 비賁괘, 귀매歸妹괘, 절節괘, 손損괘는 전부 태괘☲로부터 추이해온 것이다. 3음의 괘인 비괘☲가 추이한 괘는 모두 9개다. 2음이 하괘에 남아 있고, 상괘에 음이 하나만 있는 함咸괘, 곤困괘, 수隨괘, 여旅괘, 미제未濟괘, 서합噬嗑괘, 점漸괘, 환渙괘, 익益괘는 비괘가 추이해온 것들이다.

　이와 같은 추이의 학설은 한대에 이미 순상荀爽이나 우번虞翻 등이 활용한 바 있으며 역대로 계승되면서 이설異說은 없었다. 주희도 추이를 언급했는데, 다만 소과괘와 중부괘를 벽괘에 포함시키지 않아 괘변은 설명할 수 있었지만 추이의 법은 완전하게 설명할 수 없었다. 추이법을 적용하여 벽괘에서 연괘로의 변화를 논하지 않는다면 괘를 그려봐도 아무 소용이 없다.

　『주역』을 놓고 본다면 창작 당시 어떤 주술 행위로서의 언어가 있었고, 이 언어를 표현하기 위해 괘라는 시각적 기호를 만들었을 것이다. 당시로서는 괘라는 시각적 기호가 바로 주술 언어에 대한 문자였다. 그러나 이 괘라는 문자는 태생적으로 함축적 기호의 성격이 강했기 때문에 이 기호를 설명하기 위한 또 다른 언어가 기술되었다. 그것이 바로 괘사와 효사다. 이

괘라는 기호문자가 창작된 이유는 무엇일까? 공자는 이에 대해 「계사전」
에서 밝혀놓았다.

옛날 포희씨가 천하를 다스릴 때 우러러 하늘에서 상象을 관찰하고
아래로는 땅에서 법칙을 관찰했다. 새와 동물들의 무늬, 땅의 마땅함
을 살피되 가까이로는 몸에서 취하고, 멀리로는 사물에서 취하여 처
음으로 8괘를 만들고 그로써 신명의 덕에 통하여 만물의 실정을 분
류했다.[11]

이에 따르면, 괘는 성인이 천지의 상象과 법칙을 관찰하고 그것들의 실
정을 분류하기 위해 만든 것이다. 8괘는 분류학적 의미에서 '만물지정萬物
之情(만물의 실정)'을 분류한 최초의 문자다. 8괘는 물상을 분류한 기준이지
만 만물의 실질적인 정황을 분류하기 위해서는 64괘의 단계까지 이미 설
정되어 있어야 한다.

역易, 위대한 미메시스

14.
변화를 이해하는 전제

효爻는 변하는 것이다. 변하지 않는 것은 효가 아니다. 9는 늙은 양을 가리키고, 6은 늙은 음을 가리킨다. 늙으면 변할 수밖에 없으니 9와 6은 이미 변한 것의 이름이다. 변하지 않는 것은 9와 6이라고 부를 수 없다. 『춘추』의 관점官占에서 경문을 인용하여 뜻풀이를 한 것이 증거가 될 수 있다. 그러나 한나라 이래로 효변에 관한 이론은 이어지지 못했다.

물상을 활용하기 위해서는 효변이 전제되어야 한다. 『춘추』의 관점은 모두 효변을 활용했다. 그 가운데 채묵蔡墨의 점 풀이가 효변을 가장 잘 표현하고 있는데, 이는 진晉나라 강교絳郊 지역에 용이 출현한 현상에 대해 『주역』을 가지고 해석한 것이다.

가을. 용龍이 강교에 나타났다. 위헌자魏獻子가 채묵에게 묻자, 채묵이 대답했다. "『주역』에 이런 말들이 있습니다. 건지구乾之姤에서 '숨어 있는 용이니 쓰지 말라'고 하고, 건지동인乾之同人에서 '나타난 용이 밭에 있다'고 하고 건지대유乾之大有에서 '날아가는 용이 하늘에 있다'고 하고, 건지쾌乾之夬에서 '너무 높이 나는 용이니 후회가 있으리라'고 하고, 건지곤乾之坤에서 '뭇 용이 나타나나 우두머리가 없으면 길하다'고 하고, 곤지박坤之剝에서 '용이 들에서 싸운다'고 했습니다. 만약 아침저녁으로 나타나지 않았다면 누가 그것을 형용할 수 있었겠습니까?"[12]

채묵은 용이 나타난 하나의 현상에 대해 시초점을 치지는 않았지만 『주역』의 건괘를 인용하면서 초구, 구이, 구오, 상육, 용구와 곤괘의 상육을 각각 건지구, 건지동인, 건지대유, 건지쾌, 건지곤, 곤지박이라 했다. 예를 들어, 건지구란 건괘에서 구괘로의 지괘之卦를 가리키는 것으로 건괘 초구를 지칭한다. 이 지괘의 관념은 효변을 전제하지 않으면 얻어질 수 없는 것이다.

채묵의 점 풀이는 시초점을 치지 않은 상태에서 『주역』의 효사들을 인용하여 신이한 현상을 해석한 것인 데 반해, 직접 시초점을 쳐서 길흉을 점친 사례에서도 효변을 언급하고 있음을 발견할 수 있다. 진陳나라 여공厲公이 아들 경중敬仲을 낳은 뒤에 주周 조정의 대사大史가 『주역』을 가지고 진후陳侯를 알현한 적이 있는데, 이때 진후가 그에게 시초점을 치게 하여 얻은 것이 관지비觀之否였다. 주 대사의 풀이는 다음과 같다.

이는 '나라의 빛을 볼 것이니 왕에게 손님이 됨이 이롭다'는 것을 말합니다. 따라서 이 아이는 진나라를 대신하여 나라를 소유할 것입니다.

그러나 이 나라에서가 아니라 다른 나라에서일 것이고, 이 아이 자신이 아니라 그의 자손 때일 것입니다.[13]

주 대사가 관지비의 내용으로 언급한 것이 바로 "나라의 빛을 볼 것이니 왕에게 손님이 됨이 이롭다觀國之光, 利用賓于王"인데, 이것은 관괘 육사의 효사다. 곧 관괘 육사와 관지비는 동일한 것의 다른 표현일 뿐이다. 또한 관괘 육4의 이 효사는 지괘인 비괘와의 연관성 가운데서만 이해될 수 있다. 건괘에서 양이 하나하나 사라지면서 구괘☰가 되고, 돈괘☰가 되고, 비괘☰가 되며 마침내 이 점의 본괘인 관괘☰가 되는데, 이때는 하괘에 양획이 하나도 없게 된다. 곧 내괘의 곤에 진震의 물상인 군주가 없어지고, 전체 괘형도 겸체兼體로서의 간☶이 되어 죽음의 이미지가 있으니, 결국 망국의 상이다. 그러나 이때 갑자기 관괘 육사가 효변하여 음이 양으로 변하면 비괘가 된다. 따라서 관지비는 망자가 다시 살아나는 이미지를 띠게 되고 그 효사 "관국지광觀國之光"이 의미를 갖게 되며, "진나라를 대신하여 나라를 소유한다"고 풀이할 수 있다. 이외에도 『춘추』 관점의 사례가 모두 효변을 말하고 있다.

왕필은 효변을 이용하지 않았지만, 주희는 『주역본의』에서 효변을 자주 언급했다. 주희가 그린 「괘변도卦變圖」는 사실 효변도爻變圖라고도 할 수 있다.

15.
중국 고대 문화의 상징적 표현

괘효사에는 은주股周 교체기의 문화가 고스란히 반영되어 있다. 예를 들어 곤괘에 등장하는 '황상黃裳'은 그 시기 주대 문화의 한 단면을 대변한다. 주나라 예법에 왕후는 여섯 종류의 복식을 할 수 있었는데, 그중 하나가 국의鞠衣다. 정현의 주에 따르면 '국'은 누런색이므로 '국의'는 곧 '황의黃衣'와 같다. 그런데 가공언의 소에 따르면 옛날 아녀자의 복식은 위아래가 붙어 있었으므로 '의衣'와 '상裳'은 하나의 동일한 옷을 지칭한다. '황상'은 결국 『주례』에 기재되어 있는 왕후의 복식이며, 곤괘 육오에서 '황상'을 말한 것은 그 자리가 왕후의 자리를 상징하기 때문이다.

진晉괘 괘사 "강후가 많은 말을 하사하고 낮에 세 번 접견한다康侯, 用錫馬蕃庶, 晝日三接"는 실제 예법을 표현하고 있다. 주희는 '강후康侯'를 나라를 편안하게 하는 제후라는 일반적인 의미로 이해했다.[14] 주희의 본의대로라면, "진괘는 나라를 편안하게 하는 제후에게 많은 말을 하사하고 낮에 세 번 접견한다"로 풀이된다. 주희도 괘사에서 당시의 예법을 그리고 있지만 좀 더 나아가 강후도 실제 인물일 가능성이 높다. 정약용은 강후를 역사적 인물로 단정하기도 했다.『주역』태괘 육오와 귀매괘 육오의 "제을귀매帝乙歸妹"도 제을이 누이동생을 시집보낸 실제 사건이고, 기제旣濟괘 구삼 "고종벌귀방高宗伐鬼方"도 고종이 귀방을 정벌한 전쟁을 묘사한 텍스트일 가능성이 높다.『주례』「대행인大行人」조의 예법에서도 제후의 '삼접三接' 제도가 등장한다.[15] 이와 같이 괘효사들의 목적은 예禮의 근본이나 원리, 목적 등을 알리는 데 있는 것이 아니라, 각각의 괘효상에 맞는 사례들을 기록하는 데에 있다. 따라서 괘사와 효사를 통시대성을 지닌 영원불변의 진리라거나 우주적 원리를 체體로 삼고 그것의 용用으로서의 인문 질서가 통합적으로 일관되어 있는 형이상학적 진리라고 볼 필요는 없다.

서구 과학이 전래된 이후 조선의 역학자들 사이에서는 서구 과학과『주역』을 접목하려는 많은 시도가 있었다. 김석문, 황윤석, 서명응 등이 그 대표 주자인데, 이들의 역학은 서구 과학의『주역』적 재해석이었다. 이들은 모두 성리학적 상수역에 기반하고 있었기 때문에, 선진 자연과학 지식은 성리학적 상수역의 정당성을 반증하는 부수적 역할에 그칠 뿐, 순수 자연과학으로 수용되지 못했다. 그들의 역학은 자연과학의 지식을 빌려『주역』을 합리적으로 이해하려 했다는 점에서 진일보한 면이 있지만, 탈성리학으로 나아가지 않았다는 점에 시대적 한계가 있다. 심한 경우 객관성을 잃기까지 했다.

동양식 장기를 둔다거나 서양식 체스를 한다고 상상하면서 괘효사를 살펴보면 흥미롭다. 제사祭祀와 관련된 괘들 가운데 그 상이 시각적 상상을 비교적 분명하게 보여주는 관觀괘와 환渙괘에서 그 일면을 읽을 수 있다.

괘효사에는 제사와 관련된 것으로 9개의 사례가 있다. 곤困괘 구이와 구오, 췌萃괘의 괘사 등이다. 제사에 관련된 괘효사에는 사祀, 묘廟, 서산西山, 약禴, 향享 등 일반적으로 제사와 관련 있는 구체적인 단어들이 나온다. 물론 이런 단어들이 출현하지 않더라도 제사와 관련된 괘는 아주 많다. 원래 간艮☶이 상징하는 귀신이나 묘당은 「설괘전」에 없는 물상인데, 정현은 겸謙괘☷☶「단전」의 해석에서 '귀鬼'라는 물상을 이용했고, 우번은 환渙괘☴☵「대상전」의 주석에서 "비否괘의 건乾이 선왕先王을 상징하고 (…) 진震이 제帝를 상징하고 (…) 간艮이 묘당을 상징한다"16라고 풀이하여 '묘廟'라는 물상을 제시했다.

「설괘전」에서 간艮이 사물의 종말, 마감, 끝을 상징하는 것은 명백하다. "간은 동북쪽을 가리키는 괘로서 만물이 생을 마치는 동시에 시작하는 곳이다."17 즉 간☶이라는 기호는 죽음, 종말을 상징한다. 귀신과 묘당이라는 상징물은 '간종艮終'에서 추론되어 나오는 것이다. 생명이 끝나면 곧 죽음이고 죽으면 귀신이 되며 그 귀신이 사는 곳이 묘당이므로 간의 상징 외연이 '귀'와 '묘'에까지 확장된다. 그렇다면 사祀와 묘廟 같은 점사가 출현하지 않더라도 괘상에 간이 있으면 그 괘는 언제나 제사와 관련된 괘가 될 수 있다. 왜냐하면 간이 산山과 지止만을 상징하는 것이 아니라 귀신과 묘당을 함께 상징하고 있어서 그 이미지가 제사 드리는 대상 및 장소와 연관되어 있기 때문이다.

간뿐만 아니라 곤☷, 감☵, 태☱, 이☲, 손☴도 각각 제사와 관련된 상이 있다. 곤은 제단에 바쳐지는 희생물이다. 소일 수도 있고 양일 수도 있다. 감은 공경하는 태도를 상징하며, 태는 구열口悅, 즉 입이 즐거워하는 것이므로 음식의 대접을 상징한다. 이것들은 전부 8개의 소성괘가 상징하는 물상들 중 하나일 뿐이다. 한 괘 안에서 8개의 기호가 결합하는 관계와 방식에 따라 제사와 관련된 점사가 될 수 있는데, 실제로 제사를 지내려고 할 때 옛사람들은 시초점을 쳐서 택일했다. 한편 이와 손도 조상과 귀신에 대한 믿음, 몸을 정결히 재계하는 상을 지닌다. 처음 점쳐서 나온 괘나 호괘互卦에 이런 소성괘들이 있으면 제사와 관련된 점일 가능성이 있는 것이다. 다만 희생을 점치는 것과 관련 있으면 분명하게 제사의 점이겠지만, 괘상 안에 곤과 같은 희생이 없더라도 '유부有孚'(믿음이 있다)와 같은 단어가 나오면 이는 제사의 점이 될 수 있다.

이와 같은 방식으로 관괘와 환괘에서 고대 문화를 추출해보기로 하자. 관괘䷓의 괘사는 다음과 같다.

관괘는 손은 씻었으나 제물을 바치지 않은 때이니 믿음이 있어서 온화할 것이다觀, 盥而不薦, 有孚, 顒若.

관은 괘 이름이다. '관盥'은 손을 씻는다는 뜻이다. 손 씻을 관은 한대의 마융과 정현, 우번, 순상 등이 강신제, 즉 신내림 제사 지낼 관祼 자로 썼다. 주희가 처음으로『주역본의』에서 손을 씻는다는 뜻으로 해석했고 정약용도 이를 긍정했다. '유부'라는 말은 제2위의 유획柔劃과 제5위의 강획剛劃이 호응하여 내괘와 외괘의 중앙에 있는 두 마음이 서로에게 다가가기 때문이다. '옹顒' 자에 대해서『광운廣韻』에서는 우러러보는 모습仰으로 풀이했으며,『이아』에서는 온화한 모습溫을 형상한 것으로 풀이했다. 건이「설괘전」에서 추위寒를 상징하고 있는 반면, 『좌전』에서는 곤坤으로 온화함溫을 상징했다.

한유漢儒 가운데는 관괘를 조회朝會하는 의식에 관련된 괘로 보거나 공사貢士(유능한 인재를 바침)의 의식으로 해석한 것도 있었다. 조회로 보는 경우는 괘사의 관盥 자를 해석하는 차이에서 온 것이다. 원래 관盥과 관祼은 통용되었는데 마융, 정현, 우번, 순상이 다 관祼으로 바꿔 썼다. 그런데 이 관에는 두 가지 뜻이 있다. 강신제를 지낸다는 뜻과 손님으로 와서 술을 권한다는 뜻이다. 우번과 순상은 술을 권한다는 뜻을 채용했다. 『주례』 「대종백」에 따르면, 제후가 처음 도착하면 울창주를 따라서 권했다고 한다.[18] 또한 『예기』 「예기禮器」 편에서도 "제후끼리 서로 예방할 때 울창주를 따라서 권한다"[19]고 했다. 순상과 우번은 이렇게 천자와 제후 간에 또는 제후끼리 서로 조회하고 예방할 때의 의식을 표현하는 것으로 관괘를 해석했다. 마융은 강신제 의식으로 풀이하여 제사의 괘로 보았다. 공사는 정현의 해석으로, 그는 유능한 인재를 바치고 손님을 천거하는 의식貢士賓興으로 해석했다. 이는 관괘 육사의 "왕에게 빈객이 됨이 이롭다利用賓于王"라는 점사에서 연역된 것이다. 제사의 의례로 간주한 이들은 마융과 왕숙, 왕필이다. 정약용은 이들과 달리 공자의 「단전」에서 "하늘의 신도神道를 바라보아 사시四時가 어긋나지 않으니 성인이 신도로써 가르침을 베풀어 천하가 복종하는 것이다"[20]라고 신도를 언급하고 있으므로 이를 귀신과 인간의 관계에서 벌어지는 일로 봐야 한다고 했다. 따라서 신과 인간 사이의 가장 적절한 행위인 제사가 이 관괘의 상이 된다.

환渙괘 또한 제사의 상을 가지고 있다. 관괘䷓는 하괘가 곤이고, 이 곤이 그 형태를 그대로 유지하고 있으므로 곤의 상징물인 소가 아무런 상처를 입지 않은 모양이다. 그러나 환괘䷺는 관괘의 제2효가 변하여 된 것이므로 하괘의 곤이 감으로 바뀐 것이다. 감☵은 곤의 상징물인 소가 화살을 맞은 모양이다. 양획—이 화살을 상징하고 있기 때문이다. 환괘 괘사는 다음과 같다.

환괘는 형통하다. 왕이 묘당에 이르며 큰 내를 건너는 데 이로우니, 일이 이롭다渙, 亨. 王假有廟, 利涉大川, 利貞.

환괘는 형통하다. 왜냐하면 이미 정성을 다하고 희생까지 바친 상황이기 때문이다. 환괘는 비否괘䷋로부터 추이한다. 비괘는 천지가 각각 위와 아래를 지향하여 교류하지 않기 때문에 비색否塞한 상황이다. 비색한 상황에서 제4위의 강획이 하괘로 내려와 이제 하괘가 감坎☵으로 변했다. '감위통坎爲通', 즉 감이 통함을 상징하는 것은 「설괘전」에 전거가 있다. 다시 말해 하늘과 땅이 사귀면서 서로 소통하게 된 것이다. 게다가 비괘 제2위의 유획이 상괘로 올라가 임금 자리인 제5위에 가까이 있으면서 유순한 특성을 가지고 있으며 상괘 또한 손☴으로 변하여 안정적인 모습이 되었다. 또 제2위에서 제5위까지의 중앙 협체夾體가 이离☲의 꼴을 이루고 있다. 이는 「설괘전」에서 "만물은 이에서 서로 만난다萬物相見乎離"라고 하여 만물이 이라는 상징을 통해 만남으로써 아름다운 모임을 가진다는 의미다. 이제 이 세 가지 기호를 결합하여 환괘 전체의 상을 엮어볼 수 있다. 곧 하늘과 땅이 사귀면서 그 둘 사이에 소통이 이루어졌고 하늘에 대해 공손한 태도를 취함으로써 많은 사람이 아름다운 모임을 가지는 형상이므로, 형통한 모습이다.

현재의 환괘는 상괘가 손☴이지만 추이해오기 전의 벽괘인 비괘의 상괘는 건☰이었다. 건은 임금을 상징한다. 이것이 환괘로 변하면 상괘의 건은 사라지고 손으로 변하며, 이 건의 제1획이 하괘 제2위로 내려와 감☵이 되면서 하괘의 주인이 되었다. 그런데 이 건의 제1획은 임금의 장자였다. 즉 건의 임금은 이미 죽었고 그의 장자가 하괘로 내려와 다시 주인 자리를 차지했으니 그가 새로 등극한 왕을 상징하게 된다. 위의 호체는 간艮☶이고, 간은 묘당을 상징한다. 또 상괘 손은 공손함을, 하괘 감은 공경함을 상징한다. 이것을 정리해보면 선왕이 죽은 뒤에 그의 장자가 왕이 되었으며 그가 선왕의 묘당에 이르러 공경하는 자세로 제를 올리는 상이 된다. 이하 "큰 내를 건너는 데 이로우니, 일이 이롭다利涉大川, 利貞"의 상도 연결지어 해석할 수 있다.

환괘는 하괘가 감☵이고 상괘가 손☴이며, 아래 호체가 진☳이다. 하괘는 원래 비괘 때의 곤☷이었다. 곤이 감으로 변하여 소통함의 상을 얻는 데다 감의 상징물인 물 위에 진의 상징물인 배가 떠 있고 또 그 위에 손의 상징물인 바람이 불어온다. 거기에 곤의 제2위의 백성이 배를 타고 제4위로 건너가니 그것의 이동에 순한 조건만이 있으므로 이로운 상이 된다. 괘사의 '큰 내를 건너는 데 이롭다利涉大川'는 이 네 가지 상이 연결되어 만들어진 것이다. 따라서 이러한 상황에는 피하거나 숨을 것이 아니라 '이정利貞', 즉 일을 맡아서 하는 것이 좋다. 왜냐하면 감이 상징하는 일을 손이 이롭게 해주기 때문이다.

이와 같이 8괘 이미지들의 결합으로 제사라고 하는 하나의 시뮬레이션을 구성할 수 있다. '유부'라는 단어가 있으면 언제나 제사의 이미지가 생기며 곤의 희생, 손은 정결히 재계함, 이의 믿음, 태의 음식 대접, 간의 묘당 또는 죽음, 건의 임금 등의 이미지가 결합·작용함에 따라 시뮬레이션의 구성 요소가 갖추어진다. 그러나 주의할 것은 이러한 결합이 절대적이거나 결정적인 것이 아니라 선택적 자의성에 기반하고 있다는 점이다.

여러 괘효사의 내용을 통해 문왕과 주공 당대의 생활 및 문화를 파악할 수 있다.

16.
음양의 대립과 협력

『역』은 기본적으로 음--과 양—의 대립과 협력관계로 구성되어 있다. 『역』에서 사용된 모든 상징 기호는 음과 양이라는 두 획에서 시작되었다. 그것이 소성 8괘로 진화하고 마침내 대성 64괘로 완성된 것이다. 「계사전」은 이를 잘 표현하고 있다.

음양이 갈마듦을 도라고 하는데, 그것을 이어받으면 선이고 그것을 이루면 성이다.[21]

'일음일양一陰一陽'은 한 번은 음이 되고 한 번은 양이 되면서 두 기운이 번갈아 갈마드는 것을 표현하는 말이다. 그런데 음과 양은 완전히 다른 이물이 아니다. 「계사전」에는 이런 말도 나온다.

양괘에는 음이 많고 음괘에는 양이 많다.[22]

역易, 위대한 미메시스

이것은 소성 8괘 중 건과 곤을 제외한 여섯 개의 괘를 대상으로 한다. 진 ☳과 감☵과 간☶은 양이 하나이고 음이 두 개인 괘인데, 음괘라 하지 않고 양괘라 한다는 것이다. 한편 손☴과 이☲와 태☱는 음이 하나이고 양이 두 개인데 음괘라 한다는 것이다. 이유가 분명하게 설명되어 있지는 않지만, 「설괘전」에 따르면 진은 장남, 감은 차남, 간은 삼남이고, 손은 장녀, 이는 차녀, 태는 삼녀라고 하니, 양 속에 음이 있고 음 속에 양이 있음을 표현한 것이다.

이것은 같은 「계사전」에 나오는 자벌레의 비유로 명확해진다.

자벌레가 몸을 구부리는 것은 몸을 펴기 위해서다.[23]

구부림과 폄이라는 상반된 동작이 반드시 서로를 수반한다는 뜻이다. 자벌레가 앞으로 나아가기 위해서는 반드시 몸을 구부려야만 한다. 그리고 또 반대로 몸을 구부리기 위해서는 반드시 몸을 펴야만 한다. 이처럼 상반되는 두 요소가 반드시 서로를 필요로 하는 관계를 음양의 관계라 한다.

음양은 여성성과 남성성, 약함과 강함, 땅과 하늘, 마이너스와 플러스 등 서로 대립되는 요소이지만, 「계사전」에서 말하고 있듯이 하나의 요소 속에 상반된 요소가 잠재되어 있는 것이다. 이것은 마치 철학자 질 들뢰즈가 헤겔을 극복하기 위해 평생을 노력했지만 결과적으로 헤겔의 정-반-합 논리 속에서 벗어나지 못한 것과 같이, 어떤 과감한 사유로도 무너뜨릴 수 없는 견고한 철옹성이다.

음양의 이러한 성격을 대대待對로 표현할 수 있다. 서로를 필요로 하면서 동시에 대립하는 관계, 그것이 음양의 대대관계다. 세상에 남자와 여자가 있고, 기쁨과 노여움이 있고, 아버지와 어머니가 있고, 환희와 공포가 있으며 더위와 추위, 낮과 밤, 해와 달 등이 엄연히 인식되고 있는 상황에서 이 두 요소의 대립과 협력관계를 부정할 길은 도저히 있을 수 없다.

「계사전」은『역』의 이러한 성격을 아주 명확하게 담아냈다.

역易은 궁하면 변하고 변하면 통하고 통하면 오래간다.[24]

관념적인 것이든 물질적인 것이든 모두 지극한 지점에 다다르면 반드시 새로운 변화가 일어난다. 대립적 요소 사이에 변화가 생기면 두 요소가 서로 소통하게 된다. 그리고 이러한 소통은 영원히 지속된다. 다시 말해 대립과 협력은 끝나지 않는다.『역』이 철학이 될 수 있는 이유는 바로 이 점에 있다. 이런 음양대대의 관계성은 동양적 사유의 애매성을 내포하고 있긴 하지만, 그것조차도 명징성과 애매성의 대대관계로 녹아들어간다. 이처럼 결코 부정할 수 없는 사유의 원형이 두 개의 획으로 기호화되고 64개의 괘상으로 확장되어 지금의『주역』이 되었다.『역』이 절대 진리를 담고 있는 책이라고 말할 수 있다면 그것은 바로 음양의 대대관계다. 그러나 음양의 대대관계 속에서 관계 맺고 있는 사물들은 현실적이고 구체적인 것들이기 때문에 괘효사는 언제나 새로운 현실에 적응할 수 있어야 한다.

2장

원전과 함께 읽는 역

01
단계

역易의 기원과 점

단계 설명 ⊙ 역의 탄생과 기원에 대한 여러 학설의 등장

의미 ⊙ 역이 최초에 어떻게 인식되고 점서로서 어떻게 기능했는가를 이해

대상 ⊙ 『서경』 『춘추』 『한서』

【서경 1】 원문 1

계의稽疑란 복서卜筮를 주관하는 사람을 골라 세우는 것이다. 복서를 명할 때에는 비가 올 것인가, 날이 갤 것인가, 날씨가 흐릴 것인가, 조금 흐릴 것인가, 싸워 이길 수 있을 것인가, 올바른 일인가, 후회할 일인가 등을 묻는다. 이 일곱 가지 가운데 복卜은 다섯 가지에 사용하고 점占은 두 가지에 이용하는데, 복서에는 여러 가지 변화가 있다. 복서자를 세워서 복서를 행할 때 세 사람이 점을 쳤으면 두 사람의 말에 따른다.

「홍범洪範」

문헌 기록상 역학은 늦어도 서주 초기에 이미 존재했다. 『서경』「홍범」에 따르면, 거북의 배딱지를 이용하는 복卜으로는 다섯 가지 상황을 점치고, 시초와 같은 산대를 이용하는 서筮로는 두 가지 상황을 점칠 수 있었다.

선진 시대는 역학의 기초가 다져진 시기다. 점서가 되었든 철학서가 되었든 해석하고 이해하려는 과정에 수많은 이론이 만들어졌다. 위 「홍범」에 따르면, 천기의 변화나 국가 대사 그리고 개인사를 판단할 때 모두 복서가 사용되었는데 복과 서를 구별하여 시행한 것을 알 수 있다. 게다가 그 복서의 결과에 대해 세 사람이 점을 치게 해서 두 사람의 견해에 따른다고 하는 일종의 다수결 원칙을 제시했다. 이처럼 이미 서주 초기에 역학의 이론과 점 행위에 대한 원형이 완성되어 있었던 것으로 보인다.

【춘추좌전 1】 원문 2

진晉 평공平公이 한선자韓宣子[25]로 하여금 노나라를 방문하여 정권을 장악했음을 고하게 했으므로 한기가 노나라로 와서 소공昭公을 알현한 것은 예의에 맞는 일이었다. 한기는 태사씨大史氏에게서 책을 빌려볼 때에 '역상易象'과 '노춘추魯春秋'를 보고서 "주나라의 예법이 노나라에 온전히 남아 있구나. 내 이제야 주공의 덕과 주나라가 천하를 경영하는 까닭을 알았다"고 했다.

소공昭公 2년

노나라에 유전되고 있던 '역상'을 읽고 "주나라의 예법이 노나라에 다 있습니다"라고 한 한선자의 이 말은, 두예杜預가 『춘추좌전』의 서문에서도 인용하고 있는 구절[26]로 원문은 『좌전』 소공 2년 조에 있다. 원문은 '견역상여노춘추見易象與魯春秋'이고 번역하면 "'역상'과 『노춘추』를 보고"라고 해야 할 것이다. 두예는 주에서 "'역상'은 (『주역』) 상하 경의 상사象辭이고, 『노춘추』는 역사 기록의 책서策書다. 『춘추』는 주공의 법전을 높여서 당시의 일을 기술한 것이기 때문에 '주례가 노나라에 다 있다'고 말한 것이다"[27]라고 하여, 문맥으로 볼 때 주로 『노춘추』에서 한선자가 주례를 발견한 것으로 해석하고 있다. 이에 대해 공영달도 『오경정의五經正義』에서 "주나라가 쇠락한 이후 각 나라의 법전 제도가 옛 제도를 어겼으나, 『노춘추』만은 이 주공의 법전을 높여서 당시의 일을 기술했기 때문에 '주례가 다 노나라에 있다'고 말한 것이다"[28]라고 하여, 두예의 설을 긍정적으로 수용하고 있다. 두예나 공영달의 주석 속 문맥에서는 모두 『노춘추』가 강조된 것이지만, '역상'만을 별도로 다룰 필요가 있다.

이 둘의 작자에 대해서 두예는 문왕과 주공이 지은 것으로 함께 묶어 주를 달았으나, 공영달은 "'역상'은 문왕이 지은 것이고, 『춘추』는 주공이 펼친 법이기 때문에 두예가 한꺼번에 들어서 '역상'과 『춘추』는 문왕과 주공이 지었다고 한 것이다"[29]라면서 둘을 구별했다. 두예가 말한 상사象辭는 효사를 가리키는 것이며, 공영달도 두예의 설을 긍정하면서 '역상'은 문왕이 지었다고 했으므로, 이 두 사람은 『주역』 상사의 작자를 문왕으로 보고 있는 것이다. 상사의 작자 문제야 어쨌든 간에 두 사람은 '역상'이 『주역』의 상사, 즉 효사를 가리키는 것으로 이해했다. 이곳의 '역상'을 『주역』으로 해석하는 것이 일반적이나, 송宋 왕응린王應麟은『곤학기문困學紀聞』에서 '역易'을『주역』의 약칭으로, '상象'을 '상위象魏'의 약칭으로 보았다. 이때의 '상위'는 '상궐象闕' '위궐魏闕'이라고도 하는데 노나라 역대의 정령政令을 가리킨다.

공영달은 "『역상』과『춘추』는 문왕과 주공이 지은 것이므로,『춘추』를 보면 주공의 덕을 알 수 있고『역상』을 보면 주나라가 어떻게 왕 노릇 했는지를 알 수 있다. (…)『역상』과『노춘추』만을 말한 것은 한선자가 문왕과 주공을 위주로 찬미했기 때문에 특별히 말한 것이다.『역상』은 노나라에서도 고치거나 보태지 않았기 때문에 '노역상'이라 말하지 않은 것이다"[30]라고 했다.

이처럼 서주 시기에는 이미『주역』의 원형이 완성되어 있었다. 다만 진나라와 노나라가『주역』보급의 중심지 역할을 한 것으로 보인다.『춘추좌전』에 등장하는 관점 대부분이 진나라의 것이라는 점도 이를 가늠케 한다.

【춘추좌전 2】 원문 3

진나라의 조앙趙鞅이 거북점을 치게 하여 정나라를 구할지를 알아보았다. 양호陽虎가『주역』으로 시초점을 쳤는데 태泰괘䷊가 수需괘䷄로 가는 점을 만났다. 이에 말하기를, "송宋나라는 바야흐로 길하니 맞서 싸워서는 안 됩니다. 미자계微子啓는 제을帝乙의 맏아들이고, 송과 정鄭은 장인과 사위 간의 나라입니다. (태괘

육오 효사의) '지祉'는 복록의 뜻입니다. 만약 제을의 맏아들(미자
微子)이 누이를 (정나라에) 시집보내 (송나라가) 길하고 복록이 있
다고 하면 우리나라(진晉)가 어떻게 길할 수 있겠습니까?"라고
진언했다. 이에 군사를 물렸다.

애공哀公 9년

진나라와 관련된 주역점 가운데 하나다.

시대 배경은 이렇다. 노나라 애공 9년(기원전 486) 송나라가 정나라를
공격했다. 정나라의 무자잉武子賸[31]은 사랑하는 애첩 허하許瑕를 위해 읍
하나를 떼어주고 싶었으나 줄 땅이 없었다. 허하가 다른 나라의 땅을 빼앗
아 갖겠다고 청하자 이를 허락하고, 이해 봄 송나라의 옹구雍丘를 포위하
게 했다. 그러자 송나라의 황원皇瑗이 군사를 몰고 와 정나라의 군사를 포
위하고 매일 보루를 당겨 쌓아 양측의 보루가 맞닿게 되었다. 이즈음 무자
잉이 구원하러 갔으나 대패하여 돌아갔고 2월에 송나라는 옹구에 주둔한
정나라의 군사를 모두 사로잡았다. 그리고 가을에 송나라는 정나라를 공
격했다.

이때 진나라의 조앙이 점을 쳐 알아본 것이다. 먼저 거북점을 치게 했는
데 '수적화水適火'(물이 불에 달려듦)라는 조짐을 얻었다. 사관 세 사람이 모
두 정나라를 도와 송나라를 치는 것은 불길하다고 풀이했고, 이어 양호가
『주역』으로 시초점을 친 것이다. 점의 결과는 같았지만 이 당시 진나라에
서는 거북점과 시초점이 보완적으로 시행되고 있었음을 알 수 있다.

인용문에서 '제을'은 주紂의 아버지다. 송나라와 정나라는 혼인관계를 맺었으므로 송이 길하다고 풀이했던 것이다. 제을의 복록이 누이를 시집보낸 데서 나온다면 송나라의 길함은 정나라와 장인-사위 사이가 되기 때문이다. 그러므로 길함은 송나라에 있고 정나라에 있는 것이 아니다. 정나라가 이미 길하지 않으므로 정나라를 구원하는 일도 길할 수가 없다는 결과가 나온 것이다.

【반고 1】 원문 4

『역』에서 말하기를, '복희씨가 우러러 하늘에서 상象을 관찰하고 아래로는 땅에서 법칙을 관찰하고 새와 짐승들의 무늬 및 땅의 마땅함을 살피되, 가까이로는 몸에서 취하고 멀리로는 사물에서 취하여 처음으로 8괘를 만들고 그로써 신명의 덕에 통하여 만물의 실정을 분류했다'고 했다.

은주 교체기에 주紂왕이 지존의 지위에 있으면서 하늘을 어기고 백성을 포학하게 다루자, 문왕이 제후로서 천명에 순응하여 도를 행하니 천인天人의 점을 얻어 본받을 수 있게 되었고, 이에 『역』의 6효를 가지고 중첩하여 상하 편을 만들었다. 공씨(공자)가 「단」「상」「계사」「문언」「서괘」 등의 10편을 지었다. 그러므로 '역』의 도가 깊다'고 한 것이다.

『한서』「예문지·육예략六藝略」

『한서』「예문지·육예략」에서 반고는 8괘의 작자로 복희를, 64괘의 중첩자를 문왕으로 지목했다. 곧 복희가 8괘를 만들고 문왕에 와서 64괘로 중괘重卦가 되었으며, 여기에 공자가 십익十翼을 보강했다는 것이다. 이렇게 세 사람의 성인을 거치고 그 오랜 세월을 지내면서 완성된 『역』이야말로 신성하기 그지없는 책이다. 복희가 '작팔괘作八卦'의 주인공임을 부인하는 학자는 없다. 그러나 중괘한 인물에 대해서는 학자마다 의견이 다르지만 대체로 네 가지 설이 있다. 왕필 등은 복희가 중괘했다고 여겼고, 정현은 신농神農이 중괘했다고 했다. 손성은 하우夏禹가 중괘했다고 여겼으며, 사마천 등은 문왕이 중괘한 것으로 보았다.

02
단계

『주역』의 구성과 내용

단계 설명 ⊙ 『주역』의 체계와 내용 파악

의미 ⊙ 『주역』을 구성하는 요소들을 정리하고 그것의 의미를 검토

대상 ⊙ 왕필, 『주역약례』

【 왕필 1 】 원문 5

대저 단象이란 무엇인가? 한 괘 전체를 통론하여 그것이 유래한 주효主爻를 밝히는 것이다.

무릇 많은 것은 많은 것을 다스릴 수 없으니, 많은 것을 다스리는 것은 지극히 적은 것이다. 무릇 움직이는 것은 움직이는 것을 제어할 수 없고 모든 움직이는 것들을 제어하는 것은 실로 일자一者다. 그러므로 많은 것이 모두 존재할 수 있는 것은 주효로 하는 것이 반드시 하나이기 때문이며, 움직이는 것이 모두 움직일 수 있는 것은 근원이 반드시 둘이 아니기 때문이다.

사물은 멋대로 되는 것이 없으니 반드시 그 이理로 말미암는다.

거느리는 데에도 우두머리가 있고 모이는 데에도 으뜸이 되는 것이 있으므로, 뒤섞여도 어수선하지 않고 복잡해도 미혹되지 않는다. 그러므로 여섯 효가 서로 섞여 있어도 한 효를 들어서 밝힐 수 있고, 강유剛柔가 서로 타고 있어도 주효를 세워서 정할 수 있다. 그러므로 복잡하게 섞여 있는 물건들에서 덕을 가려내고 시비를 변별하는 것은 그 중효中爻(중심되는 효)가 아니라면 완비되지 않는다. 그러므로 통일된 것으로부터 찾으면 사물이 비록 많더라도 하나를 집어 제어할 수 있음을 알며, 근본으로부터 관찰한다면 의리가 비록 넓더라도 하나의 이름으로서 거론할 수 있음을 안다.

그러므로 선기璇璣(천문관측기구)를 통해 대운을 관찰하면 천지의 움직임도 괴이할 것이 없고 회요會要(역사서)를 통해 앞으로 다가올 일을 관찰하면 우주의 순환 구조도 번다할 것이 없다. 그러므로 괘의 이름을 제시하면 의미상 주효가 있고 그 단사를 관찰하면 생각이 절반을 넘게 된다. 대체로 고금이 비록 다르고 군국軍國이 모습을 달리하지만 중심이 되는 것의 쓰임새를 멀리 할 수 없다. 문물과 제도는 끊임없이 변하지만 언제나 그 중심이 존재한다. 단彖이 숭상하는 것은 여기에서 성대해진다.

무릇 적은 것은 많은 것이 귀하게 여기는 것이다. 적은 것은 많은 것이 으뜸으로 삼는 것이다. 한 괘에 5양과 1음이 있으면 1음이 그것의 주효가 되며, 5음과 1양이 있으면 1양이 그것의 주효가 된다. 대저 음이 구하는 것은 양이고, 양이 구하는 것은 음이다.

양이 실로 하나라면 5음이 어찌 함께 그것에 귀속하지 않을 수 있겠는가? 음이 실로 하나라면 5양이 어찌 함께 그것을 따르지 않을 수 있겠는가? 그러므로 음효가 비록 천하지만 한 괘의 주효가 되는 까닭은 그 지극히 적은 곳에 처했기 때문이다. 더러 효를 버리고 (상하의) 두 괘체를 거론하는 것은 괘체가 효에서 말미암지 않기 때문이다.

번잡하지만 혼란을 근심하지 않고 변하지만 미혹됨을 걱정하지 않으면서, 요약된 것으로 많은 것을 보존하고 간이한 것으로서 많은 것을 구제하는 것은 오직 단彖뿐이리라. 어지럽되 흔들리지 않고 변하되 넘치지 않는 것은 천하의 깊은 이치가 아니면 그 누가 이와 함께할 수 있겠는가. 그러므로 이와 같이 단을 본다면 뜻을 알 수 있을 것이다.

「주역약례周易略例」「명단明彖」

『주역약례』에서 왕필이 말하고 있는 '단彖'은 십익의 하나인 「단전彖傳」을 가리키는 것이 아니다. 이른바 '단사彖詞'라고도 불리는 괘사를 말한다. 괘사는 한 괘 전체를 통론하여 그것이 유래한 주효主爻를 밝힌 것이다.

왕필은 역학사에서 대단히 중요한 인물이다. 왕필 이전 한대의 역학은 주로 상수학이었다. 상수학이 『주역』이라는 책을 해석하는 데 의미 있는 여러 방법론을 이끌어냈지만 점점 말류로 흘러서 음양오행의 미신적 요소들이 부가되고, 천인감응과 재이설 등이 뒤섞여 역학을 병들게 했다. 왕필은 이런 말류적 상수학을 극렬하게 비판하고 새롭게 의리역을 수립했다. 상수학의 번쇄한 이론들을 모두 물리치고 산뜻하며 간결한 철학서로 변모시켰다. 그의 의리역은 당나라 때 『오경정의』의 텍스트로 채택되었고 정이程頤와 주희에게 이어져 역학의 대부가 되었다.

왕필은 '단', 곧 괘사의 내용은 그 괘의 통괄적 상황을 설명하고 있는데, 여섯 효가 서로 섞여 있고 강유剛柔가 서로 타고 있어도 주효를 세워서 정할 수 있기 때문에 근본으로부터 관찰한다면 의리가 비록 넓더라도 하나의 이름으로 거론할 수 있다고 했다. 다시 말해 괘사는 한 괘를 통론하면서 중심이 되는 효를 지시하고 있다는 것이다.

효란 무엇인가? 변하는 것을 말한다. 변하는 것은 무엇인가? 실정과 인위가 만드는 것이다. 저 실정과 인위의 움직임은 수數로 얻어지는 것이 아니므로 모이고 흩어지고 굽히고 펴는 변화는 괘체와 서로 어긋난다. 모양은 조급해도 고요함을 좋아하고, 체질은 부드러워도 강한 것을 사랑하니, 괘체와 실정은 반대되고 체질과 원하는 것이 서로 멀다. 이는 셈에 정통한 사람도 헤아릴 수 없고 성인의 밝은 지혜로도 규칙화할 수 없으며, 법으로 규제해도 통일할 수 없고 도량형으로도 균일하게 할 수 없는 것이다. 그렇게 된 이유가 어찌 저 하늘天에 있겠는가! 삼군을 압도하는 사람이 더러 조정의 의례를 두려워하기도 하고 위세와 무예를

함부로 하는 사람이 더러 술과 여색의 즐거움 때문에 곤혹스러워하기도 한다.

가깝다고 반드시 친한 것은 아니며 멀다고 꼭 어긋나는 것은 아니다. 같은 소리를 내며 서로 호응하되 고하가 반드시 균등해야 하는 것은 아니다. 같은 기운으로 서로를 필요로 하더라도 체질이 반드시 같아야 하는 것은 아니다. 구름을 부르는 것은 용이고, 여呂를 명하는 것은 율律이다. 그러므로 두 여자는 서로 멀리하지만 강함과 부드러움은 몸을 합한다. 높은 언덕에서 길게 탄식하면 먼 골짜기에도 반드시 메아리가 치고, 창을 버리고 각지로 흩어지면 육친조차도 서로 돌볼 틈이 없으며, 같은 배를 타고 강을 건널 때는 오나라와 월나라라도 어찌 다른 마음을 품을까 걱정하겠는가. 그러므로 진실로 그 실정을 알면 어긋나거나 멀어짐을 걱정할 것이 없고, 진실로 그 취향에 밝으면 억지로 무력을 쓸 일이 없다. 마음에 기뻐할 수 있고 생각을 깊이 할 수 있어서, 어기되 그 유사함을 알고 다르되 그 통함을 아는 사람은 오직 효에 밝은 자이리라! 그러므로 가까운 곳에 선을 베풀면 먼 데서 찾아오고, 궁宮음을 명하면 상商음이 호응하며, 자기를 낮추는 덕을 닦으면 높은 자가 항복하고, 저것을 주면 이것을 취한 자가 복종하게 된다.

이러므로 실정과 인위는 교감하며, 멂과 가까움은 서로 좇으며, 사랑과 미움은 서로 공격하며, 굽음과 폄은 서로 밀어주니 실정을 보는 사람은 얻고 곧장 가는 사람은 어긋난다. 그러므로 비교

하고 따져서 그 변화를 이루고, 기물들을 만든 뒤에야 막히지 않음을 말한다. 그 주효가 되는 까닭을 알지 못하고도 고무하여 천하가 따르는 것은 그 실정에 드러나기 때문이다.

이러므로 천지의 변화를 범위로 하되 지나침이 없고 곡진하게 만물을 이루되 빠뜨리는 것이 없으며, 밤낮의 도에 통했으되 몸체가 없고, 한 번 음이 되고 한 번 양이 되기를 멈추지 않는다. 천하의 지극한 변화가 아니라면 그 누가 이에 참여할 수 있겠는가! 그러므로 괘卦로써 때를 보존하고 효爻로써 변화를 보이는 것이다.

「명효통변明爻通變」

왕필은 효가 변화를 뜻하는 것임을 분명하게 말했다. 그리고 그 변화는 바로 실제 정황이 그렇게 되는 것이고 또 실제의 정황 변화를 인지하는 사람의 행위로 만들어진다. 그러나 그 변화는 상수학에서 말하는 수로 얻어지는 것이 아니다. 실정과 인위는 교감하며, 멂과 가까움은 서로 좇고, 사랑과 미움은 서로 공격하며, 굽음과 폄은 서로 밀어주니 실정을 보는 사람은 얻고 곧장 가는 사람은 어긋나게 된다.

한대에는 『주역』의 괘효사를 설명하기 위해 여러 이론이 탄생했다. 왕필이 지적하고 있는 호체互體, 괘변卦變, 오행五行도 그중 하나이며, 지금도 점술가들이 응용하는 납갑納甲, 귀갑龜甲, 구궁九宮 등의 이론이 모두 이때 만들어졌다. 잡다하고 번거로우며 억측에 가까운 잡설이 많았지만, 당대의 관점에서 볼 때 이는 괘라는 기호와 그것의 언어인 괘효사 사이의 정합성을 추구한 역학자들의 노력의 산물이기도 했다. 왕필은 이러한 번잡한 이론들을 배격하고 의意를 우선하는 의리역학의 선봉이 된 것이다.

그러나 주의할 것은 왕필이 한대 역학을 전면적으로 부정하고 새로운 의리역을 창출했다고 하여 그 이전의 역학 전통과 단절된 것은 아니라는 점이다. 한대 역학은 왕필의 비판 대상이면서 동시에 그가 굳게 딛고 서 있는 발판이기도 하다. 청대 및 현대의 학자 가운데 왕필 역학이 한대 역학의 전통을 일정 부분 흡수하고 있음을 지적한 학자들이 있다. 청대 장혜언張惠言(1761~1802)은 "왕필의 주역이 왕숙王肅(195~256)을 조술했다"[32]고 평가했고 초순焦循은 "왕필의 역학은 유표劉表로부터 나왔으며 실질적으로 왕창王暢에 근거하고 있다"[33]고 했다. 현대에는 탕융퉁湯用彤 같은 학자가 "왕필은 『주역주』에서 옛 학설을 채용한 곳이 적지 않다. 왕필은 상수를 버렸으나 문의文義에서는 옛 학설을 그대로 사용했다. 관觀괘 괘사에서는 마융馬融을, 태泰괘 초구에서는 우번虞翻을, 혁革괘 '이일내부已日乃孚'에서는 송충宋衷을, 이頤괘 육이에서는 왕숙을 인용했다"[34]고 평가한 바 있다. 그의 역학이 종교적이거나 미신적인 수준에서 논의되던 한대 역학을 철학으로 옮겨놓았다는 일반적인 평가처럼 그가 한대 역학에 대해 비판적이라는 것은 분명한 사실이다. 그러나 한대와 대립적으로만 파악하는 견해는 그의 사상을 온전하게 평가하지 못하는 것이다. 많은 부분에서 그는 한대의 전통에 빚을 지고 있다. 비판과 동시에 수용한 것이 있으며 부분 개조한 것도 있다. 또 어떤 이론은 한대 역학을 보완한 것이기도 하다.

저 괘라는 것은 때時요, 효는 때를 만나 변하는 것이다.

때에는 비색한 때와 태평한 때가 있으므로 쓰는 것에도 쓰기 좋은 때가 있고 갈무리할 때가 있다. 괘에는 크고 작은 것이 있으므로 사辭에도 험하거나 평이한 것이 있다. 일시적으로 제지되어 있어도 거꾸로 쓰일 수도 있고, 일시적으로 길한 것도 도리어 흉해질 수 있다. 그러므로 괘는 반대되는 것들이 마주하고 효는 또한 모두 변한다. 그러므로 쓰는 데에는 일정한 도가 없고, 일에는 정해진 법도가 없어서, 동정과 굴신은 오직 변하는 대로 가는 것이다. 그러므로 그 괘의 이름을 정할 때는 길흉이 그 부류를 따르고, 그 때를 보존할 때는 동정이 그 씀用에 호응한다. 이름을 살펴서 그 길흉을 관찰하고, 때를 들어서 그 동정을 관찰하면 한 괘체의 변화가 이로 말미암아 드러난다. 저 호응함應이라는 것은 뜻을 같이함의 상象이고, 자리位는 효가 처한 곳의 상이다. 받듦承과 탐乘은 따름順과 거스름逆의 상이요, 멺遠과 가까움近은 험함險과 평이함易의 상이다. 내內와 외外는 나감出과 머무름處의 상이요, 초初와 상上은 시작과 마침의 상이다. 이러므로 멀어도 움직일 수 있는 것은 그 응함을 얻기 때문이요, 험해도 머무를 수 있는 것은 그 때를 얻기 때문이다. 약해도 적을 두려워하지 않는 것은 의거할 곳을 얻기 때문이요, 근심해도 난을 두려워하지 않는 것은 의지할 곳을 얻기 때문이다. 유약해도 끊

어짐을 근심하지 않는 것은 부릴 것을 얻기 때문이다. 뒤에 있어도 감히 앞설 수 있는 것은 그 처음에 응하기 때문이요, 사물들이 다투어도 홀로 안정할 수 있는 것은 그 마침을 간파하기 때문이다. 그러므로 변하여 움직임變動을 관찰하는 것은 응함應에 있고, 평안함과 위태함安危을 살피는 것은 자리位에 있고, 거스름과 따름逆順을 변별하는 것은 받듦과 탐承乘에 있고, 나감과 머무름出處을 밝히는 것은 내외內外에 있다.

원근과 종시에는 각각 그 요점이 있으니, 험난함을 피하는 데는 먼 곳이 낫고, 때를 따르는 것은 가까운 것을 귀하게 여긴다. 비괘比卦와 복괘復卦는 앞서기를 좋아하고, 건괘乾卦와 대장괘大壯卦는 앞머리를 싫어하며, 명이괘明夷卦는 어두운 데서 힘쓰고, 풍괘豐卦는 광대함을 높인다. 길흉에는 때가 있으니 범해서는 안 되고, 동정에는 적절함이 있으니 지나쳐서는 안 된다. 때의 금기를 어기는 죄는 중대한 일에 있는 것이 아니며, 그 적절함을 잃는 허물은 심각한 데 있는 것이 아니다. 천하를 움직여 군주를 죽이더라도 위태롭게 해서는 안 되며, 처자를 나무라고 낯빛을 바꾸더라도 소홀히 해서는 안 된다. 그러므로 귀천을 나누는 때에도 그 자리를 범해서는 안 되며, 회린悔吝을 근심하는 때를 만나도 사소한 것을 태만히 해서는 안 된다. 효를 관찰하여 변화를 따지면 변화를 다할 수 있다.

「명괘적변통효明卦適變通爻」

만물의 입장에서 보면 시간의 흐름은 생애를 좌우한다. 『역』은 만물의 생명 주기를 6획 안에 표현했다. 여섯 획이 있는 자리인 위位는 결국 시간이 자리한 곳이다. 건乾괘를 예로 들면, 용이 제1위에서는 숨어 있다가 제2위에서 모습을 드러내고 제3위에서 도약하기도 하고 숨기도 하다가 제4위에서 불안하긴 하지만 상태를 유지하고 제5위에서 드디어 날아올라 진정한 용이 되었다가 제6위에서는 너무 높이 올라 후회할 수 있는 위치가 된다. 용의 생애가 이 한 괘에 온전히 담겨 있기에 건괘는 용의 시時가 된다. 그것이 효의 위位에 반영되어 있는 것이다.

「단전」에서는 시時를 강조한 곳이 12곳이다. '시' '시의時義' '시용時用'을 말하여 때의 중요성을 언급하고 있다. "예豫괘의 시의는 크도다" "수隨괘의 시의는 크도다" "이頤괘의 시는 크도다" "규睽괘의 시용時用은 크도다" 등이 그것이다. 공자가 이처럼 때時를 중시한 것은 역경에서 시라는 개념이 얼마나 중요한지를 잘 보여준다.

때에는 비색한 때와 태평한 때가 있으므로 쓰는 것에도 쓰기 좋은 때가 있고 갈무리할 때가 있다. 길흉에는 때가 있으니 범해서는 안 되고, 동정에는 적절함이 있으니 지나쳐서는 안 된다. 따라서 왕필은 천하를 움직여 군주를 죽이더라도 위태롭게 해서는 안 되며, 처자를 나무라고 낯빛을 바꾸더라도 소홀히 해서는 안 된다고 할 수 있었다. 귀천을 나누는 때에도 그 자리를 범해서는 안 되며, 회린悔吝을 근심하는 때를 만나도 사소한 것을 태만히 해서는 안 되는 것이므로, 시時와 위位는 긴밀히 연결되어 있는 것이다.

상象은 의미意를 보여주는 것이다. 글辭은 상을 설명하는 것이
다. 의미를 다 보여주는 데에는 상만 한 것이 없고, 상을 다 설명
하는 데에는 글만 한 것이 없다. 글은 상에서 생겨나므로 글을
살펴서 상을 볼 수 있고, 상은 의미에서 생겨나므로 상을 살펴서
의미를 알 수 있다. 의미는 상으로써 다하고 상은 글로써 드러난
다. 그러므로 글은 상을 설명하는 것이니 상을 얻으면 글을 잊
고, 상은 의미를 보존하는 것이니 의미를 얻으면 상을 잊는다.
마치 올가미가 토끼를 잡는 것이니 토끼를 잡으면 올가미를 잊
고, 통발은 물고기를 잡는 것이니 물고기를 잡으면 통발을 잊는
것과 같다. 그러므로 글은 상의 올가미요, 상은 의미의 통발이
다. 이러므로 글을 간직하고 있는 자는 상을 얻은 것이 아니며,
상을 간직하고 있는 자는 의미를 얻은 것이 아니다.

상은 의미에서 생겼는데 거기에 상이 보존되어 있다면 보존되는
것은 곧 그 상이 아니며, 글은 상에서 생겼는데 거기에 글이 보
존되어 있다면 보존되는 것은 곧 그 글이 아니다. 그러므로 상을
잊어야 의미를 얻고, 글을 잊어야 상을 얻는다. 의미를 얻는 것
은 상을 잊는 데 달려 있고, 상을 얻는 것은 글을 잊는 데 달려
있다. 그러므로 상을 세워서 의미를 다하니 상을 잊을 수 있고,
획을 거듭 그려서 실정을 다하니 획을 잊을 수 있다.

이러므로 비슷한 부류를 찾아서 그 상을 만들 수 있고, 뜻을 합

하여 그 징험을 삼을 수 있다. 뜻이 진실로 강건함에 있다면 어찌 꼭 말일 필요가 있겠는가? 부류가 진실로 온순함에 있다면 어찌 꼭 소여야 하겠는가? 효가 실로 순종함에 맞는다면 어찌 꼭 곤坤이어야 소가 되겠는가? 뜻이 실로 강건함에 응한다면 어찌 꼭 건乾이어야 말이 되겠는가? 그러나 어떤 사람은 건에 말을 고정시켜서 문장을 따지고 괘를 비평하니, 말만 있고 건이 없다면 거짓 주장이 넘쳐나서 바로잡기가 어렵다. 호체互體로도 부족하여 드디어 괘변卦變에까지 미치고, 괘변으로도 부족하여 오행五行에까지 유추한다. 한 번 그 근원을 잃으니 교묘함이 더욱 심해져 우연히 맞는 게 있더라도 뜻은 취할 것이 없다. 대개 상만 간직하고 의미를 잊었기 때문이다. 상을 잊고서 그 의미를 구하면 뜻이 드러나게 된다.

「명상明象」

『주역약례』의 「명상」은 체제상 두 부분으로 나눌 수 있다. 앞부분은 언어와 상징과 뜻의 관계를 설명하고 있으며, 뒷부분은 괘효사 속의 물상이 적절하지 않음을 구체적으로 적시하고 '망상忘象'할 것을 적극 권유하는 내용이다.

왕필은 역학을 『장자』의 이론과 결합시켰다. "언어는 상象의 올무이며 상은 뜻의 통발인 셈이다"라는 그의 언명은 장자의 "고기를 잡으면 통발을 잊는다得魚忘筌"[35]라는 이론을 그대로 원용한 것이다. 이에 따르면 언어는

2장 원전과 함께 읽는 역

상징을 파악하는 도구이며, 상징은 뜻을 파악하는 도구에 지나지 않는다. 언어와 상징은 최종 목적지인 뜻을 얻는 데 유용한 것으로 인식된다. 이때 뜻意이라는 것은 작역자作易者의 뜻, 생각, 의도 등을 가리키는 것으로 내용상으로는 『역』의 도道를 의미한다.

왕필은 『주역』의 성립에 대해 연역적 방법으로 접근했다. 첫 문장 "상象은 뜻에서 나온 것이며 언어는 상을 설명하는 것이다"라는 구절은 결국 『역』의 구성이 연역적으로 되어 있음을 말한다. 먼저 뜻이 있고 나서 그 뜻을 드러내기 위해 상징이라는 도구를 사용했으며 그 상징이라는 도구는 언어라는 설명적 수단을 필요로 했다는 말이다. 즉 의意→상象→언言의 순서로 작역作易되었다는 것이다. 그러나 성립은 그렇다 해도 작역자의 뜻을 알기 위해 접근하는 방식은 귀납적일 수밖에 없다. 작역의 반대 수순을 밟아야만 목적지에 도달할 수 있는 것이다. 즉 언→상→의 수순으로 학역學易이 진행된다. 그것이 바로 아래 문장 "언어는 상에서 생겨나므로 언어를 찾아서 상을 관찰할 수가 있으며, 상은 뜻에서 생겨나므로 상을 찾아서 뜻을 관찰할 수가 있다"라는 구절의 의미다.

이러한 득의망상의 방법론을 채용하면 군이 건乾이 용龍을 상징하는가, 말馬을 상징하는가 하는 논쟁은 불필요한 말다툼일 뿐이다. 건의 뜻인 '건健', 즉 굳셈, 강건함의 뜻만 취하면 된다. 그래서 한대 역학의 방법론을 '안문책괘案文責卦', 즉 "글에 따라 괘를 따진다"고 비판할 수 있는 것이다. 괘효사에 따라 물상의 적절함을 따지다 보니 말은 있는데 건이 없으면 거짓된 주장을 마구 부풀리고, 호체互體를 응용하기도 하며, 이것마저도 맞아떨어지지 않으면 괘변설로 설명하고, 이것으로도 설명이 되지 않으면 오행을

끄집어다 짜맞추곤 한다는 것이 이 「명상」의 대강이라 하겠다.

생각건대 「상전」에는 초효와 상효에 득위得位와 실위失位의 문장이 없고, 또 「계사전」에는 제3효와 제5효, 제2효와 제4효가 공은 같지만 자리가 다르다고만 했고 역시 초효와 상효는 언급하지 않았으니 어째서인가? 오직 건乾괘 상구의 「문언」에서만 '귀하지만 자리가 없다'고 했고, 수需괘 상육에서 '자리가 마땅하지 않다'고 했을 뿐이다. 만약 상위를 음의 자리로 여긴다면 수괘 상육에서 '자리가 마땅하지 않다'고 할 수 없고, 만약 상위를 양의 자리로 여긴다면 건괘 상구에서 '귀하지만 자리가 없다'고 할 수 없다. 음효와 양효가 그곳에 머무는데도 모두 자리가 아니라고 말하고, 초효도 자리가 마땅하다거나 자리를 잃었다고 말하지 않는다. 그러하니 초위와 상위는 일의 시작과 마침이지 음양의 고정된 자리가 없다. 그러므로 건괘 초효에서 '숨어 있음曆'을 말하고 제5위를 지나서야 '자리가 없다'고 이른다. 그 자리에 처하고도 '숨어 있다'고 하거나 상위에 자리가 있는데도 '없다'고 말하는 경우는 없다. 뭇 괘를 모두 살펴보아도 다 이와 같으니 초위와 상위는 음양의 고정된 자리가 아니라는 것이 분명하다.

자리位라는 것은 귀천을 나열한 곳이며, 재용才用을 기다리는 집이다. 효는 자리에 따라 나뉜 몫을 지키며 귀천의 질서에 응하는 것이다. 자리에는 높고 낮음이 있고, 효에는 음과 양이 있다. 높은 것은 양이 머무는 곳이고, 낮은 것은 음이 밟는 곳이다. 그러므로 높은 곳을 양의 자리로 삼고 낮은 곳을 음의 자리로 삼는다. 초위와 상위를 버리고 자리에 따른 몫을 논하면 제3, 5위는 각각 한 괘의 위에 있으니 역시 어찌 양의 자리라고 말하지 않을 수 있겠는가! 제2, 4위는 각각 한 괘의 아래에 있으니 또한 어찌 음의 자리라고 말하지 않을 수 있겠는가! 초위와 상위는 괘체의 마침과 시작이자 일의 선후이므로, 자리에 일정한 몫이 없고 일에 일정한 것이 없으니, 음양으로 고정할 수 없다. 높고 낮음에는 일정한 질서가 있으나 마침과 시작에는 일정한 주체가 없다. 그러므로 「계사」에서 네 효의 공功과 위位에 대한 통상적인 사례만을 논했고 초위와 상위의 고정된 자리를 언급하지 않았다. 그러나 일에 마침과 시작이 없을 수 없고 괘에 여섯 효가 없을 수 없으니, 초위와 상위가 비록 음양 본래의 자리는 없더라도 마침과 시작의 땅인 것이다. 통론하자면, 효가 머무는 곳을 위位라 하는데 괘는 여섯 효로 이루어지므로 여섯 자리가 때로써 이루어진다고 이르지 않을 수 없다.

「변위辯位」

공자의 「단전」에서는 괘체를 풀이하면서 효위爻位를 많이 활용했다. 「소상전」도 효사를 해석할 때 효위를 채용했다. 왕필은 역전의 이러한 전통을 계승하여 효위설을 위주로 『역경』을 해석하고 취상설, 호체설, 납갑설, 괘변설 등을 배격했다.

왕필의 효위설에서 핵심은 한 효를 위주로 한다는 점이다. 한 괘 전체의 의의가 거의 전적으로 한 효에 의해 결정된다는 견해다. 그것은 이미 「명단明彖」에서도 언급한 바 있다. 한 괘에 있는 여섯 효의 변화가 복잡하고 무질서한 듯 보이지만 실제로 하나의 상황 속 변화일 뿐이며, 그 하나의 상황을 주도하는 것은 중심이 되는 한 효라는 것이다.

이러한 주효 개념을 이해하고 나면 평이함으로 번다함을 제어하여 아무리 사물이 복잡하고 많아도 미혹되지 않을 수 있다.

역易의 그림과 수

단계 설명 ⊙ 역도易圖의 탄생과 상수적 해석

의미 ⊙ 하도·낙서의 탄생 배경과 『역경』에서 활용된 상수에 대한 이해

대상 ⊙ 『주역』「계사전」「설괘전」, 『역학계몽』

【주역 1】 원문 10

제帝가 진震에서 나와서 손巽에서 재계하며 이離에서 서로 만나고 곤坤에서 일하며 태兌에서 말을 기뻐하고 건乾에서 싸우고 감坎에서 수고로우며 간艮에서 말을 이룬다.

만물은 진에서 나오는데 진은 동방이다. 손에서 가지런해지는데 손은 동남방이며, 제齊라 함은 만물이 깨끗이 단정하여 재계齋戒함을 이른다. 이라는 것은 밝다는 뜻이며, 만물이 다 서로 보게 되므로 남방의 괘다. 성인이 남쪽을 바라보며 천하 사람들의 소리를 듣고 문명함을 향하여 다스리니 모두 여기에서 취한다. 곤이라는 것은 땅이며, 만물이 다 여기에서 길러지므로 '곤에서 일

을 한다'고 한다.

태는 가을로서 만물이 기뻐하는 바이므로 '태에서 말을 기뻐한다'고 한다. 건에서 싸우는데 건은 서북방의 괘로서 음양이 서로 부딪치는 것을 말한다. 감은 물을 상징하며 정북방의 괘로서 수고로운 괘이며, 만물이 돌아가는 곳이므로 '감에서 수고롭다'고 한다. 간은 동북방의 괘로서 만물이 마침을 이루고 시작을 이루는 곳이므로 '간에서 말을 이룬다'고 한다.

「설괘전」5장

문왕후천팔괘도의 근원이 되는 구절이다. 진震에서 시작하여 간艮에서 마치는 것이 『역』의 대경대의다. 복復괘의 1양이 처음 생겨날 때 건乾이 뿌리가 된다. 소강절邵康節은 이것을 '하늘 뿌리'라 했다. 박剝괘의 1양이 마침을 이룰 때 곤坤이 문이 된다. 정현은 이것을 '어두운 문冥門'이라 했다. 그러므로 진에서 태어나서 간에서 죽는 것이다.

'진에서 나온다'는 말은 하늘이 만물을 낳을 적에 반드시 진의 성질로서 만들어냄을 이른다. 동방은 인仁이며 봄에 배당되기 때문이다. 모임을 아름답게 가지면 예禮에 넉넉히 들어맞으므로 서로 만나는 것이 된다. 예는 사람들이 맺는 관계에서 비롯되는 것이기 때문이다. 남을 이롭게 하면 의義에 넉넉히 조화되므로 말을 기뻐하는 것이 된다. 곧고 굳게 지키면 일을 주관하기에 넉넉하므로 수고로운 괘가 된다.

'제齊'는 재계한다는 뜻이므로, 괘효사에 무릇 길한 제사를 말한 곳에

다 손의 괘체가 있다. 이는 다스림을 상징하므로 무릇 천하를 다스리거나 일을 다스리거나 질병을 다스리는 일을 말할 때 모두 이의 괘체가 있다. 이와 반대에는 감의 혼란이 있다. 또 이는 얼굴을 상징하므로 남면南面의 뜻이다.

감은 돌아감 또는 시집감을 상징하므로, 『역』에서 "누이를 시집보낸다" 거나 "돌아가 도망간다"는 유를 말할 때 감坎의 이미지를 사용했다. 또 간에서 말을 이루므로 간은 곧 말言을 상징한다. 그래서 무릇 경계하고 서약하는 말에 간의 이미지를 많이 썼다.

8괘의 방위가 비록 어지러이 뒤섞인 듯하나 오히려 오묘한 뜻이 있다. 대개 4정괘正卦는 옮기고 바뀌는 것을 용납지 않는다. 나무·쇠·물·불은 동서남북에 배당된다. 만약 4유괘維卦를 논한다면 간이 나아가 곤이 되므로 곤과 상대하여 비고, 손은 건으로부터 물러나므로 건과 상대하여 빈다. 간이 이미 마침이 되면 마땅히 진보다 먼저 있게 되니 이것이 간이 동북방이 되는 까닭이다.

【주역 2】 원문 11

'대연지수 50'에 대한 여러 설

경방: "50은 10일과 12진辰과 28수宿를 이른다. 무릇 50 가운데 1개를 사용하지 않는 것은 하늘의 생기生氣가 장차 허虛로써 실實을 오게 하고자 하므로 49개를 사용한다."

마융: "역易에 태극이 있다 한 것은 북신北辰(북극성)을 이른다. 태극이 양의를 낳고 양의가 해와 달을 낳고 해와 달이 사시를 낳

고 사시가 오행을 낳고 오행이 12월을 낳고 12월이 24기를 낳으니, 북신이 제자리에 있으면서 움직이지 않아야 그 나머지 49개가 회전하면서 사용된다."

순상: "괘마다 6효가 있으니, 6×8=48에 건乾과 곤坤 2개를 더하여 무릇 50이 되지만 건괘 초9에서 '숨어 있는 용은 쓰지 말라'고 했으므로, 49개를 사용한다."

정현: "천지의 수가 55인데 5행은 기운이 통하는 것이니, 무릇 5행의 5를 줄이고 대연의 수에서 또 1을 줄이므로 49다."

요신, 동우: "천지의 수가 55인데 그 가운데 6은 6획의 수를 상징하므로 그것을 빼서 49만을 쓴다."

왕필: "천지의 수를 연역하면 의뢰하는 것이 50이다."

고환顧懽: "이 50이라는 수를 세워서 신神을 헤아리는데 비록 세지 않아도 드러나므로 그 1이라는 수를 비워서 말할 수 없는 뜻을 밝히는 것이다."

「계사전」

『주역』「계사전」의 '대연의 수 50'에 대해서는 역학자마다 다른 주장을 하고 있어서 무엇이 정론인지 알 수 없는 지경이 되었다.

하늘이 신령한 물건을 낳자 성인이 그것을 법칙으로 삼고, 천지
가 변화하자 성인이 그것을 본받고, 하늘이 상을 드리워 길흉을
드리내자 성인이 그것을 형상화하고, 황하에서 그림이 출현하고
낙수에서 글이 출현하자 성인이 그것을 법칙으로 삼았다. 역에
사상이 있음은 보이기 위함이며, 거기에 글귀를 단 것은 알리기
위함이며, 길흉으로 그것을 정한 것은 결단하기 위함이다.

「계사전」

정현은 하늘과 땅 등과 같은 하늘 수와 땅 수 모두의 합을 대연大衍의 수
로 생각하고 하도河圖의 수를 대연의 수로 여기지 않았다. 55개의 점이 있
는 용마의 거죽 무늬도 송대의 진단陳摶이 만든 것이지 한위 시대부터 전
해지는 것이 아닐 터이다. 『한서』「예문지」에서도 "하도 9권, 낙서洛書 6권"
이라 했고, 55개의 점에 대해서는 언급이 없다.

그러나 어쨌든 하도와 낙서의 기원 문제와는 관계없이 송대에 와서 그
것은 이미 복희와 신농 시기에 출현한 것으로 정식화되었고, 신성한 그림
이자 수가 되었다.

의리학자들은 괘 전체의 의미가 지시하는 실천적인 당위와 관련하여
괘나 효의 자질, 지위 및 호응관계를 중시한 반면 상수역을 지향한 학자들
은 자연과 인간사의 법칙적 유사성을 설명하기 위해 하도·낙서의 수리를

이용했다.

주희의 『역학계몽易學啓蒙』(1186)은 초학자들을 대상으로 한 상수역학
서다. 주희는 이 책에서 상수를 태극음양의 이치를 반영한 것이면서 역리
易理의 핵심적 요소를 이루는 것으로 설명했다. 곧 상수는 서법筮法과 역리
의 표현인 동시에 천지의 변화와 운동의 또 다른 표현이라는 것이다. 그에
따르면 "『역』은 하도만으로 지어진 것이 아니다. 천지 사이에 가득 찬 것이
오묘한 태극음양 아닌 것이 없는데 성인이 이를 우러러보고 굽어보며 관
찰하여 멀거나 가까운 데서 취했으니 실로 가만히 침묵하는 가운데 마음
에 합치하는 것이 있었기 때문이다. 따라서 음양이 나뉘기 전의 혼연한 태
극 속에는 이미 양의, 사상, 64괘의 이치가 그 속에서 빛을 발하고 있다."[36]
그가 정이천에 비해 한대 상수역을 중시한 것은 상수학 이론의 정립에 목
적을 둔 것이 아니라 이기론 형이상학의 상수학적 근거를 마련하기 위한
것으로 보인다. 그가 하도와 낙서를 중시한 점도 이와 같은 맥락에서 이해
된다.

04
단계

상과 언어

단계 설명 ⊙ 상과 언어와 의미의 관계 해명

의미 ⊙ 괘효상과 괘효사 그리고 그것들이 지닌 의미를 이해

대상 ⊙ 왕필 『주역주』, 정약용 『주역사전』

【왕필6】 원문 13

무릇 역易은 상象이다. 상은 뜻義에서 생겨난다. 이런 뜻이 있은
뒤에야 그 어떤 사물을 가리키게 된다. 그래서 용으로 건을 서술
하고 말馬로 곤을 밝히니, 그 일의 뜻에 따라 상을 취한다. 그러
므로 초구와 구이의 용의 덕은 모두 그 뜻에 응하므로 용을 논함
으로써 그것을 설명할 수 있지만, 구삼에 이르러 '부지런히 하여
저녁에도 조심한다乾乾夕惕'는 것은 용의 덕이 아니니 군자로서
그 상에 배당하여 밝혔다. 전체적으로 말해서 건의 몸체는 모두
용이지만, 나누어서 말할 때는 각기 그 뜻에 따른다.

『주역주』 건괘 「문언전文言傳」

왕필은 괘효사의 해석에서 취의取義를 과제로 삼았다. 상과 언어보다 의미가 더 중요했다. 의미를 얻으면 상과 언어는 버릴 수 있는 가벼운 것들이었다.

왕필은 괘명을 풀이하면서 예를 들어 몽蒙괘는 어리석다는 뜻, 송訟괘는 소송이라는 식으로 설명했지만 상수는 전혀 말하지 않았다. 자신의 취의설을 관철하기 위해 왕필은 의義에서 상이 생긴 것이라는 논리를 세웠다. 그래서 결국 망상득의론忘象得意論을 만들어내게 되었다.

공자의 십익이 『역』 경문의 점서역占筮易 시대를 마감하고 의리역義理易의 기초를 마련했다고 하지만, 의리역을 철저히 발휘한 사람은 왕필이었다. 왕필은 술수術數와 재이災異를 위주로 하는 한대漢代의 상수역학을 비판하면서 『주역』을 완전한 철학서로 바꾸어놓았다. 당대에 공영달의 주도로 이루어진 13경의 대부분이 한대 학자들의 주석으로 채워져 있지만 『주역』만은 왕필의 『주역주周易注』가 정통으로 채용되었다. 그리고 그 이후 역학 하면 으레 왕필의 역학을 떠올리게 되었다. 24세에 요절한 왕필이 『노자주』와 『주역주』를 거의 동시에 이루었다고 볼 때, 그의 『주역주』는 현학玄學과 무관할 수 없다. 위진魏晉 시대에는 자연과 명교名敎의 조화와 합일을 추구하면서 유가와 도가의 학문적 교류가 활발했다. 그런데 이러한 경향은 북송대까지도 계속되었다.

한대의 상수학자들은 술수적 방법과 문자적 고증의 방법으로 성인의 미언대의微言大義를 찾았지만, 드러난 현상만을 중시함으로써 사건, 사물의 정확한 실정을 잡는 데 실패하고 번잡해지는 폐단을 낳았다. 왕필과 송대의 정이천程伊川이 의리로써 『주역』을 해석하는 까닭은 그 안에 성인의 뜻이 담겨 있다고 보기 때문이다. 인간과 세계, 그 변화에 대한 오랜 반성과 통찰을 통해 얻은 지혜가 『주역』에 담겨 있다고 생각한 것이다. 왕필의 망상득의론이나 정이천의 인상명리론因象明理論은 성인의 의리를 발견하는 방법론적 의미를 갖는다. 상수역학으로부터 의리역학으로의 전환은 중국 철학사에서 사유의 전환을 의미한다. 한대로부터 왕필 이전까지는 천명론天命論 또는 일기一氣에 기초한 발생론적 사유에서 벗어나지 못했다. 왕필의 역학사적, 철학사적 창견創見은 분명 사물의 실정實情이 겉으로 드러난 현상만으로는 설명될 수 없으며, 현상은 그 배후에 있는 보이지 않는 무형의 세계를 근본으로 하고 있다는 본말론本末論적 사유다. 이천은 무형의 근본에 대한 왕필의 사유를 계승할 뿐만 아니라, 더욱 발휘하여 그 근본을 이理로 파악하는 체용론體用論적 세계관을 전개한다. 그래서 만약 모든 현상의 근본이 되는 의리義理만 알 수 있다면 구체적 사물에 통하지 못할 것은 없다고 생각했다.

【정약용 1】 원문 14

1. 상을 뽑아냄

『역』은 점치기 위한 것이다. 한 괘 한 효가 각각 온갖 인간사와 사물의 상을 갖추고 있어 온갖 인간사와 사물을 점쳐도 이러한 괘와 효를 만나는 이치가 있다. 문왕과 주공이 수많은 상 가운데 한 가지 상을 뽑아 괘효사를 만들었기 때문에 괘나 효 자체로 볼 경우는 만사만물의 재질에 응할 수 있지만 그 괘효사로는 만사만물에 다 적용될 수가 없다.

가령 건괘 초구의 '숨어 있는 용이니 쓰지 말라'는 효사의 경우, 그것으로 군자가 나아가야 할 곳과 나아감과 물러남의 길흉을 점친다면 합당하지만, 혼인과 제사와 수도의 건설과 천도 등을 점칠 때는 이 효사를 기준으로 해서는 안 된다.

2. 해당되는 일

성인은 이미 하나의 상을 뽑아서 괘효사를 지었으나 또한 학자들이 이 하나의 상을 고집하여 변통할 줄을 모를까 걱정했기 때문에 더러 한 괘효사 안에 몇 가지 일을 뒤섞어 논했으나, 사실은 이 괘 이 효가 논할 수 있는 상은 이 몇 가지 일에서 그치지 않는다.

준屯괘 육이의 경우, '승마반여'는 여자가 어렵다는 점이며, '비구혼구'는 인접국이 우환을 준비하는 점이며, '십년내자'는 부인이 아이를 낳아 기르는 점이다. 세 가지 일이 따로따로 문장을 이루는 것이어서 효사의 이치가 서로 이어지지 않으니, 서사書史처럼 읽는다면 통할 수가 없다.

3. 체질을 보존함

성인은 이미 잡다하게 여러 가지 일을 논하고도 학자가 이 몇 가지 상을 고집하여 변통할 줄을 모를까 걱정했기 때문에 괘사에서는 더러 괘덕만을 드러내 그 체질을 보존하고 구체적인 사물을 논하지 않았으며, 효사에서는 더러 길흉休咎만을 드러내 그 점을 보존하고 구체적인 사물을 논하지 않았다. 그러한 까닭은 무엇인가? 한 가지 일에 견주어서 논하지 않은 것은 만사에 응하여 막힘이 없도록 한 까닭이다.

건괘의 '원형이정元亨利貞', 대유괘의 '원형元亨', 수괘의 '원형이정元亨利貞', 돈괘의 '형소리정亨小利貞', 대장괘의 '이정利貞', 정괘의 '원길형元吉亨', 태괘의 '형리정亨利貞'과 같은 유가 이것이다.

효사의 경우, 항恒괘 구이의 '회망悔亡', 대장괘 구이의 '정길貞吉', 해解괘 초육의 '무구無咎', 췌萃괘 구사의 '대길무구大吉無咎'와 같은 유가 이것이다.

4. 이름을 고려함

괘의 이름을 정한 데에는 본디 정해진 규칙이 없다. 그중 8괘의 본덕本德 및 음양 소장의 추세, 추이 왕래의 실정에 근거하여 명명한 것은 그 괘효사에 비록 이러한 뜻이 없더라도 그것으로 점치면 반드시 명명한 때의 본래 상을 관찰해야 한다. 직접 사물의 형태를 취하거나 괘에서 바로 상을 뽑아내 우연히 이름을 정한 경우는 그 괘효사에서 비록 이러한 뜻을 사용했더라도 모든 점에 통용되는 상으로 여겨서는 안 된다.

본덕本德에 근거하여 이름이 정해진 경우는 8괘의 중괘重卦가 이런 것들이다. 음양 소장의 추세에 따라 이름이 정해진 경우는 양이 돌아온 괘를 복復괘라고 이름한다거나 매우 장렬한 괘를 대장大壯괘라고 하는 것들이다. 추이의 뜻에 따라 이름이 정해진 경우는 송訟괘라는 이름이 중부中孚괘에 근본한다거나 취萃괘라는 이름이 소과小過괘에 근본한다는 유가 이것이다. 곧바로 사물의 모양에서 취하여 이름이 정해진 경우는 정井괘와 정鼎괘 같은 것들이다. 괘에서 곧바로 상을 뽑아내 우연히 이름이 정해진 경우는 가인家人괘와 귀매歸妹괘 유다.

형이 누이동생을 시집보내는 상이 우레와 연못의 괘에 있는 것은 만 가지 상 가운데 하나의 상일 뿐이다. 6효의 효사가 비록 다 누이동생을 시집보낸다는 말을 하고 있지만 꼭 누이동생을 시집보내는 것이 본래의 상이고 다른 일은 부수적인 상이라고 여길 필요는 없다. 혼인을 점치는 사람은 마땅히 이 효사를 써야 하지만 만약 제사나 전쟁의 점에서 이 괘를 만나면 이 효사로 점을 풀이해서는 안 된다.

5. 성질을 퍼트림

괘가 변하면 물상과 사정이 본괘本卦와 크게 달라지지만 그 성질과 기운은 본괘를 위주로 한다. 만약 본괘의 성질과 기운을 버리고 지괘之卦의 물상만을 사용한다면 크게 어긋난다. 그러므로 성인은 효사에 반드시 본괘의 성질과 기운을 퍼트려놓았으니 그 근본을 고려해야 한다.

6. 움직임을 유보함

1획이 이미 움직이면 전체 괘가 드디어 변하므로 성인이 효사를 찬술할 때 그 승강왕래의 성질은 모두 변한 상象을 취했다. 그러나 괘주卦主가 되는 효의 경우는 또 그 움직임을 유보하여 변화를 좇지 않고 추이의 본상만을 사용하여 그 획이 괘주가 됨을 밝혔다. 이것도 하나의 용례다.

예를 들어 사師괘 구이의 '왕삼석명王三錫命'과 비比괘 구오의 '왕용삼구王用三驅'가 이른바 움직임을 유보하여 괘주임을 밝힌 것이다. 또 겸謙괘 구삼의 '유종有終'과 예豫괘 구사의 '유예由豫'가 효변의 상을 취하지 않은 것들이다.

이러한 유는 분명 예로부터의 서법이 본디 그러하여 주공이 효사를 지을 때 이와 같이 한 것이다. 대개 점치는 사람이 이미 이 괘를 얻었거나 이 효를 얻으면 신명이 지시하는 바가 정녕 이곳에 있기 때문에 이 획으로 점치고 변화를 다시 고려하지 않는다.

(…)

15. 뜻을 깃들게 함

『역』은 점치는 일을 위주로 하지만 그 속에 의리가 깃들어 있다. 성인이 진퇴소장의 추세를 관찰하고 승강왕래의 상을 음미하고서 그 속에 의리를 깃들게 했다. 그러나 문왕과 주공의 괘효사에 깃들어 있는 의리는 숨어 있어서 뚜렷하지 않거나 아주 작아서 드러나지 않는다. 공자의 「단전」에 이르면 오로지 의리만을 천명

역易, 위대한 미메시스

하여 효사 가운데 은미한 것들은 '문언文言(건괘와 곤괘의 효들에
대한 설명)'과 「대전」에서 또한 부연하여 살피도록 했다. 「대상전」
에 이르면 점치는 사람들과는 관계가 없어져 순전히 거관居觀의
용도로 쓰였다. 따라서 전傳에 근거하여 경經을 구한다면 의리를
알 수 있다.

'문언'은 건괘와 곤괘의 효들에 대한 설명이다. 그것이 「계사전」에
들어 있는 것은 중부中孚괘의 구이와 동인同人괘의 구오, 대과大
過괘의 초육 등이다.

「주역사전周易四箋」「독역요지讀易要旨」

정약용은 『주역사전』「독역요지」에서 18가지로 『주역』 해석의 요지를
밝혔다. 그 가운데 상과 언어에 대한 언급들을 골라 모았다. 정약용에 따
르면, 『역』은 점치기 위한 책이었다. 한 괘 한 효가 각각 온갖 인간사와 사
물의 상을 갖추고 있어서 온갖 인간사와 사물을 점쳐도 다 그에 맞는 괘와
효를 만나는 이치가 있다. 그러나 문왕과 주공은 수많은 상 가운데서 한
가지 상을 뽑아서 괘효사를 만들었기 때문에 그 괘효사로는 만사만물의
무상한 변화를 다 표현할 수 없다.

정약용은 『역』의 상들이 모상模像되기 전의 본래 사물이 엄연히 존재한
다는 사실을 분명하게 지적했다. 본물本物과 법상法象의 관계 구도로 보면,
역경과 역전에서 말하는 태극과 양의와 사상과 팔괘는 다 본물이 있은 다
음에야 구성될 수 있는 법상이다. 법상이란 여기에서 모델로 삼는 상을 의

미하므로 이미지라는 말로도 표현될 수 있으며, 아래에서는 간단하게 상이라고 말할 것이다. 물物과 상象은 유형지물과 무형지정의 구도 아래 있는 것이다. 음양이라는 것도 단지 천지라는 본물에 대한 상일 뿐이다. 정약용이 8괘의 본물로 제시한 것은 천天·지地·수水·화火·뇌雷·풍風·산山·택澤이다. 소성괘小成卦로서의 8괘는 천·지·수·화·뇌·풍·산·택의 이미지, 즉 상象인 것이다. 그런데 8괘만이 본물의 상이 아니라 사상四象과 양의兩儀, 태극이 다 본물의 상이다.

양의는 천지天地를 상징한 것이며, 사상은 그 천지가 분화되어 형성된 천지수화天地水火 네 가지의 유기游氣적 사물을 상징한다. 그리고 사상이 분화되어 형성된 팔괘는 천·지·수·화·뇌·풍·산·택 8개의 구체적 사물을 상징한다. 구체적 사물이 없다면 상 또한 있을 수가 없다. 팔괘가 단독으로 어떤 의미를 지니고 있는 것이 아니라 팔괘 탄생 이전에 존재한 여덟 개의 구체적 자연 사물을 기호화한 것일 뿐이다.

【주역 4】 원문 15

> 건乾은 강건함을 상징하고, 곤坤은 순종함, 진震은 움직임, 손巽은 들어감, 감坎은 빠짐, 이離는 매달림, 간艮은 그침, 태兌는 기쁘함을 상징한다.
>
> 건은 말을 상징하고, 곤은 소, 진은 용, 손은 닭, 감은 돼지, 이는 꿩, 간은 개, 태는 양을 상징한다.
>
> 건은 머리를 상징하고, 곤은 배, 진은 발, 손은 허벅지, 감은 귀,

역易, 위대한 미메시스

이는 눈, 간은 손, 태는 입을 상징한다.

건은 하늘이므로 아비라 불리고, 곤은 땅이므로 어미라 불린다.

진은 한 번 구하여 사내아이를 얻으므로 맏아들이라 불리고, 손은 한 번 구하여 계집아이를 얻으므로 맏딸이라 불린다. 감은 다시 구하여 사내아이를 얻으므로 가운데 아들이라 불리고, 이는 다시 구하여 계집아이를 얻으므로 가운데 딸이라 불린다. 간은 세 번째로 구하여 사내아이를 얻으므로 막내아들이라 불리고, 태는 세 번째로 구하여 계집아이를 얻으므로 막내딸이라 불린다.

건이 상징하는 것은 하늘, 원, 임금, 아비, 옥, 쇠, 추위, 얼음, 진붉은 색, 좋은 말, 늙은 말, 비쩍 마른 말, 얼룩말, 나무 열매다.

곤이 상징하는 것은 땅, 어미, 베, 솥, 인색함, 숫자 10, 새끼 낳은 어미 소, 큰 수레, 글월, 무리, 근본이다. 땅에서는 검은색이다.

진이 상징하는 것은 우레, 용, 검고 누런 빛깔, 꽃, 큰길, 결단하고 조급함, 어리고 푸른 대나무, 모시풀과 갈대다. 말에 있어서는 잘 우는 말, 흰말의 다리, 빠른 발걸음, 흰털이 많아 이마가 훤한 말이다. 벼 이삭에 있어서는 다시 살아남이며, 궁극에는 굳셈, 번성하고 고움이다.

손이 상징하는 것은 나무, 바람, 맏딸, 곧은 먹줄, 공인, 흰색, 긺, 높음, 나아가고 물러남, 과단하지 못함, 냄새다. 사람에 있어서는 머리털 수가 적음, 넓은 이마, 흰자위가 많은 눈, 이익을 가까이하여 세 배나 챙김이니, 그 끝은 결국 조급해지는 괘다.

감이 상징하는 것은 물, 도랑, 숨어 엎드림, 도지개와 바퀴 테, 활과 바퀴다. 사람에 있어서는 근심을 더함, 마음의 병, 귀의 통증, 혈괘血卦, 붉은빛이다. 말에 있어서는 멋진 등마루, 급한 성격, 머리를 떨구는 것, 얇은 발굽, 끄는 것이다. 수레에 있어서는 흠이 많은 것, 통함, 달, 도적이다. 나무에 있어서는 단단하고 속이 많음이다.

이가 상징하는 것은 불, 해, 번개, 가운데 딸, 갑옷과 투구, 창과 병기다. 사람에 있어서는 큰 배, 마른乾 괘를 상징한다. 자라, 게, 나나니벌, 민물조개, 거북을 상징한다. 나무에 있어서는 나뭇가지 위가 마른 것을 상징한다.

간이 상징하는 것은 산, 미로, 자갈, 문 달린 누각, 나무 열매와 풀 열매, 내시內侍, 손가락, 개, 쥐, 여우나 이리 같은 부류다. 나무에 있어서는 단단하고 마디가 많은 것이다.

태가 상징하는 것은 연못, 막내딸, 무당, 입과 혀, 허물어져 꺾임, 모자람이다. 땅에 있어서는 토질이 강한 개펄이다. 첩, 양이다.

「설괘전」

십익의 성립에 대해서는 많은 이론이 있다. 현대 역학자들은 대부분 그간의 고증학적 성과들을 바탕으로 십익이 공자 1인의 저작이라는 데 동의하지 않으며, 성립 시기도 동일하게 보지 않는다. 대체로 전국 시기 말에 성립되었을 것으로 본다. 특히 「설괘」에 대해서는 결코 한 사람의 저작이 아니라는 데 의견을 같이한다. 공자의 말이 섞여 들어가 있거나 혹은 후대의 집성으로 보는 경향이 있다.

복희에 의해 시획始劃된 팔괘가 어떤 의미를 지니고 있다고 할 경우 「설괘」의 해설 없이는 어느 누구도 그것을 이해할 수 없다. 팔괘는 단지 기호일 뿐인데 암호와 다를 바 없는 이 기호를 풀기 위해서는 반드시 「설괘」가 획을 그릴 때부터 존재했어야 한다. 「설괘」 없이 팔괘를 이해한다는 것은 성인이라도 불가능하다. 복희가 팔괘를 처음 그렸을 때 이 암호를 설명하는 해설서를 함께 만들었다고 보는 것이 타당할 터이다. 이 「설괘」에서 말하고 있는 괘상들은 『역』의 괘효사에서 모두 드러난다.

물상을 취하지 않는다면 팔괘는 애초부터 지을 필요가 없다. 괘만으로는 쓸모가 없다. 물상 없이는 팔괘가 아무 쓸모없는 존재일 수밖에 없는 것이다. 팔괘를 그릴 때 이미 천문지리에서 상을 취하고 원근의 사물에 빗대어 획을 그었던 것이기 때문에 「설괘」에 등장하는 물상들은 복희의 손끝에서 명명된 것으로 봐야 할 것이다.

「설괘전」에는 8괘의 괘덕과 물상이 나열되어 있다. 물론 「설괘전」에 있는 상들만으로 모든 괘효사가 일치하는 상을 확보하는 것은 아니다. 그러나 「설괘전」의 상들은 만물 가운데 하나의 사물들을 가지고 상징한 것이기 때문에 『역』을 읽는 사람이 약간의 상상력을 발휘해야만 한다. '머리首'라는 물상이 등장한다면 꼭대기, 정상, 우두머리 등으로 「설괘전」에 없는 물상으로도 확장할 수밖에 없다. 이것은 독자가 할 일이다.

05
단계

『주역』에 대한 평가

단계 설명 ⊙ 역학자들의 주역관 검토

의미 ⊙ 주요 역학자의 주역관을 통해 『역』이 갖는 의미 이해

대상 ⊙ 『주자어류』『주역사전』

【 주희 1 】 원문 16

『역』은 본디 복서를 위한 책이라서 후인들은 단지 복서에 그쳤다. 왕필에 이르러 노장의 학으로 해석한 뒤 사람들은 단지 이理만을 위주로 하고 복서로 여기지 않게 되었다. 이것은 잘못된 것이다. 애초에 복희씨가 획괘하던 당시를 상상하면 양은 길하고 음은 흉한 것이었을 뿐 문자는 없었다고 나는 감히 말한다. 내 생각은 이러하다. 뒤에 문왕은 음양만으로는 사람들이 이해할 수 없음을 보고 거기에 단사彖辭를 지었다. 그런데 점쳐서 효를 얻어도 사람들이 이해할 수 없자 주공이 거기에 효사를 지었다. 그래도 사람들이 여전히 이해하지 못하자 공자는 십익을 지어 애당

초의 뜻을 풀이했다.

『주자어류』

주희는 『주역』에서 역경과 역전을 구별할 것을 강조하고, 그 기원은 복서의 책이라고 규정했다. 따라서 주희에게 있어 왕필이 노장의 학으로 해석한 것은 그 기원을 모르는 어리석은 짓이었다. 애초에 『주역』은 그 기원으로 볼 때 복희가 팔괘라는 기호체계를 창작했고 이어서 문왕이 괘사를 달고, 주공이 효사를 달았으며, 이렇게 하고도 이해하지 못하는 것이 많았기 때문에 공자가 십익을 달았다는 것이다. 이것은 사마천과 반고가 『한서』에서 밝힌 세 성인을 거쳐 『주역』이 완성되었다는 기본 인식과 함께한다.

역학사에서 주희는 의리역의 입장을 견지하여 정이천의 역학을 근본으로 하면서 각 역학자의 장점을 비판적으로 흡수하여 북송시대 역학의 발전을 주도한 인물이다. 그의 역학은 이후 심대한 영향을 미쳤다.

주희가 『역』을 점치는 책이라고 하면서 역경과 역전을 구별한 것은 의리학으로 『역』을 논하는 일을 부정하려 한 것이 아니라, 서법에서 벗어나 경문을 자기 입맛에 맞게 임의로 해석하는 폐단을 우려한 것이다. 주희는 정이의 『역전』에 대해 "정이천은 커다란 도리를 볼 수 있었으나 이런저런 것을 전부 도리에 부합시키려고 한 것은 올바른 『역』 해석이 아니다"라고 비평한 바 있다.

어떤 성인이 있어, 공손하게 행동하는 예절을 만들어 백성에게 대중을 공경하라고 가르치고, 제사를 지내는 예절을 만들어 백성에게 조상에 보답하도록 가르치고, 장사지내는 예절을 만들어 죽은 이에게 정성을 다하도록 가르치면서, 또 한편으로 그 때문에 마음에 의구심이 생겨 "내가 백성에게 하도록 가르친 것들이 다 백성이 쉽게 이해하고 쉽게 알 수 있는 것이어서 저들이 나의 심오한 뜻과 온축된 의미를 다 알아낸다면 나는 존숭받지 못할 텐데" 하고 두려워했다. 그래서 밤낮으로 지혜와 책략을 발휘하여 백성이 알아낼 수 없는 일을 만들어 황홀하고 괴상야릇하게 속이면서, 시작도 끝도 없이 그 정체를 환상적으로 변화시켜 그것을 어리석은 사람들 앞에다 내던져 그들로 하여금 놀라고 두려워 쩔쩔매며 주춤주춤 물러나게 만들어 세상 사람들의 눈과 귀를 신비로움으로 가득 채운 다음, 그들이 몸을 굽히고 땅에 엎드려 손을 모아 경배하면서 자신을 존숭하기를 원한다고 하자. 성인이 정말 이와 같겠는가? 이것은 불교를 믿는 무리와 후대에 하도와 낙서 등의 그림을 만들어 벽에 붙여놓고 명성을 도둑질하는 용렬하고 노망한 무리나 하는 짓이다. 어찌 성인의 뜻이 이와 같다고 생각한단 말인가? 기략과 권도를 써서 천하 사람의 마음을 휘어잡는 방식은 패자霸者의 책략이며 병가兵家가 사용하는 술수다. 복희, 신농, 문왕, 주공, 공자 등의 성인이 이

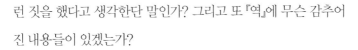

런 짓을 했다고 생각한단 말인가? 그리고 또『역』에 무슨 감추어

진 내용들이 있겠는가?

「주역사전」「역론」

정약용은 성인의 참모습과는 완전하게 다른 가정을 하나의 긴 문장으로 구성하여『역』을 창작한 성인의 참모습이 진실하다는 것을 강조했다. 이 가정은 성인이 결코 이중적이지 않다는 사실을 주지시킨다. 백성을 위해 예법을 제정하면서 한편으론『역』을 지어서 오묘함을 추구했을 리가 없다는 것이다. 위의 가정문에 열거되어 있는 부정적인 모습들은 성인의 참모습을 보여주기 위한 반어법이다.『역』에는 지혜와 책략이 발휘되어 알아낼 수 없게끔 신비화된 것이란 없다. 또 신기한 것들을 이용하여 사람들을 속이는 내용도 없다. 사람들을 놀라게 하고 쩔쩔매게 만들 만한 내용도 없다. 또 사람들의 눈과 귀를 멀게 할 만한 복잡하고 까다로운 내용도 없다. 곧 성인이 사람들에게 지식을 얻어 깨우칠 수 있도록『역』이라는 책을 지어 가르친 것이지 쉽게 알아차릴 수 없도록 구성하여 신비화시킨『역』을 통해 자신들의 존엄성을 확보하려고 한 것이 아니다.

정약용에 따르면 하도나 낙서를 믿는 사람들도『역』을 신비화시키는 부류다. 하도와 낙서에 나오는 숫자들은 생성生成의 수나 태극 분화의 이치와는 아무런 상관이 없다. 예를 들어 9, 6, 7, 8 등의 숫자는 괘의 획이 변하는가 변하지 않는가를 표시해주는 기호에 불과하다고 보는 것이다. 정약용은 상수역학象數易學의 주요 소재 중 하나인 수數에 대해 별 관심을 보이지 않는다. 수를 중시하는 이유에는『역』을 억지로 신비화시키려는 숨은 의도가 있다고 보기 때문이다.

사실『역』을, 좀더 구체적으로는『역』에 있는 물상과 괘효사를 수학 공식 풀듯이 풀어나갈 수 있다고 생각하는 것은 지나친 욕심인 듯 보인다. 정약용의 주장처럼 복희 때에 8괘와 64괘가 동시에 이루어지고, 문왕 때에 괘사가, 주공 때에 효사가 이루어졌다고 한다면 시간의 간격으로 보더라도 2000~3000년이라는 긴 집적이 있었을 터인데, 이 긴 시간의 터널을 더군다나 현재의 시점에서 동일한 등식을 적용하여 통과할 수 있다고 믿는 그의 신념은 지나친 점이 없지 않다. 그러나 이러한 신념 안에 그가 지향한 세계가 드러나 있다. 명명백백하게 밝혀진『역』앞에서 이제 해석의 문제는 더 이상 문제일 수 없다. 다산 자신에게 있어서 해석은 이미 완료되었다. 그렇다면 해석 뒤에 수반되는 과정은 과연 무엇인가? 이것은 완료된 해석 속에 담겨 있는 그의 이념에서 찾아야 할 것이다.

06
단계

음양대대의 불변 진리

단계 설명 ⊙ 음양대대의 불변 진리가 갖는 철학적 의미 파악

의미 ⊙ 음양의 대대관계는 부정할 수 없는 불변적 진리임을 비교·검토

대상 ⊙ 「계사전」「설괘전」「잡괘전」

음양이 갈마듦을 도라고 하는데, 그것을 이어받으면 선이고 그것을 이루면 성이다. 어진 이가 보면 어질다 할 것이며 지혜로운 이가 보면 지혜롭다 할 것인데 일반인은 날마다 쓰면서도 알지 못하므로 군자의 도가 드물다. [도는] 인으로 드러나지만 작용 속에 감추어져 있고, 만물을 북돋우면서도 성인처럼 근심 걱정하지 않으니 성대한 덕과 위대한 업적이 지극한 것이다. 풍부하게 소유하는 것을 위대한 업적이라 하고 날마다 새로워짐을 성대한 덕이라 한다.

「계사전」

『역』은 기본적으로 음--과 양—의 대립과 협력관계로 구성되어 있다. 『역』에서 사용된 모든 상징 기호는 음과 양이라는 두 획에서 시작되었다.

'일음일양一陰一陽'은 한 번은 음이 되고 한 번은 양이 되면서 두 기운이 번갈아 갈마드는 것을 표현하는 말이다. 그런데 음과 양은 완전히 다른 이물이 아니다.

음과 양은 서로 대립하면서도 상대의 존재에 의해 공존하는 관계다. 이것을 대대관계라고 한다. 대립과 협력은 언제나 지속되는 것이다. 『역』이 철학이 될 수 있는 이유는 바로 이 점에 있다. 이런 음양대대의 관계성은 동양적 사유의 애매성을 내포하고 있긴 하지만, 그것조차도 명징성과 애매성의 대대관계로 녹아들어간다.

【주역 6】 원문 19

그러므로 물과 불이 서로 미치고, 우레와 바람이 서로 어기지 않으며, 산과 연못이 기운을 통한 뒤에야 변화할 수 있으며 이미 만물을 이룬다.

「설괘전」

대대관계는 음효와 양효 사이에서만 이루어지는 관계가 아니라, 『역』 전체를 관통한다. 64괘 384효가 본래부터 음과 양 두 효의 조합에 의해 사상의 괘가 되고, 이것이 다시 조합되어 8괘가 되는 방식으로 모든 괘에

역易, 위대한 미메시스

는 대대관계가 존재한다. 모든 괘, 모든 효가 효라는 변화를 전제로 하고 있기 때문에 원초적으로 대대하는 성질이 있다는 것을 부정할 수 없다. 『주역』 하경의 첫 괘인 함咸괘를 예로 들어보면, 하괘는 간艮이고 상괘는 태兌로서 괘의 형태가 완전히 반대다. 그리고 「설괘전」에 따르면 소남과 소녀에 해당된다. 따라서 하괘와 상괘의 두 기운이 감응하는 대대관계가 괘체 상에서 가장 완벽히 드러난다.

소성 8괘 사이의 이러한 대응은 각각 짝을 이루어 나타난다. 건乾은 남성, 아버지, 하늘이 되고, 곤坤은 여성, 어머니, 땅이 된다. 진震은 번개, 손巽은 바람으로 대대하고, 감坎은 물, 이離는 불로 대대하고, 간艮은 산, 태兌는 연못으로 대대한다.

「설괘전」의 대대관계는 소성 8괘의 관계 속에서 논하는 것이다. 64괘 속의 대대관계는 「서괘전」이나 「잡괘전」을 참조해야 한다.

【주역 7】 원문 20

건乾괘는 강한 것이고, 곤坤괘는 부드러운 것이다. 비比괘는 즐거운 것이고, 사師괘는 근심하는 것이다. 임臨괘는 주는 것이고 관觀괘는 구하는 것이다. 준屯괘는 드러나지만 거처를 잃지 않고, 몽蒙괘는 섞여 있지만 드러난다. 진震괘는 일어나는 것이고, 간艮괘는 멈추는 것이다. 손損괘와 익益괘는 융성과 쇠퇴의 시작이다.

「잡괘전」

「잡괘전」은 64괘에서 두 개씩의 대대관계를 포착한 책이다. 왜 그렇게 해석했는가 하는 데는 의문의 여지가 많지만, 두 개의 조합은 확실히 상반되는 내용으로 되어 있으며 결코 자의적이라고 하기 어렵다. 8괘에서뿐만 아니라 64괘에서도 대대관계는 『역』을 관통하는 원리임을 발견할 수 있다.

「잡괘전」이 언제 완성된 것인지는 분명하게 말할 수 없지만 위와 같은 대대적 조합은 『역』 전체를 관통하는 것으로 「서괘전」에서 괘들의 순서를 잡을 때도 적용된 원리다. 대대하는 괘들을 둘씩 묶는 것은 하나의 전형이라 볼 수 있다. 건괘 다음에 곤괘가 오고 태괘 다음에 비괘가 오며, 손괘 다음에 익괘가 배열되는 것도 대대의 표현이다. 이른 시기부터 「잡괘전」과 「서괘전」 등을 남긴 작자들은 『역』 전체의 관통 원리를 대대로 파악하여 해석해왔음을 알 수 있다.

3장

易

원문

원문

【서경 1】원문 1

稽疑, 擇建立卜筮人, 乃命卜筮. 曰雨, 曰霽, 曰蒙, 曰驛, 曰克, 曰貞,
曰悔. 凡七, 卜五, 占用二, 衍忒. 立時人作卜筮, 三人占, 則從二人
之言.

『書』「洪範」

【춘추좌전 1】원문 2

晉侯使韓宣子來聘, 且告爲政而來見, 禮也. 觀書於大史氏, 見易
象與魯春秋曰, "周禮盡在魯矣. 吾乃今知周公之德, 與周之所以
王也."

『春秋左傳』昭公 2年

【춘추좌전 2】원문 3

晉趙鞅卜救鄭. (…) 陽虎以『周易』筮之, 遇泰 之需. 曰, "宋方吉, 不
可與也. 微子啓, 帝乙之元子, 宋鄭甥舅也. '祉', 祿也. 若帝乙之元
子歸妹而有吉祿, 我安得吉焉." 乃止.

『春秋左傳』哀公 9年

『易』曰, '宓戲氏, 仰觀象於天, 俯觀法於地, 觀鳥獸之文, 與地之
宜, 近取諸身, 遠取諸物. 於是始作八卦, 以通神明之德, 以類萬物
之情.' 至於殷周之際, 紂在上位, 逆天暴物, 文王以諸侯順命而
行道, 天人之占可得而効, 於是, 重『易』六爻, 作上下篇. 孔氏爲之
「彖」「象」「繫辭」「文言」「序卦」之屬十篇. 故曰『易』道深'矣.

『漢書』卷30「藝文志·六藝略」

明象

夫象者, 何也. 統論一卦之體, 明其所由之主者也.

夫衆不能治衆, 治衆者, 至寡者也. 夫動不能制動, 制天下之動者,
貞夫一者也. 故衆之所以得咸存者, 主必致一也; 動之所以得咸
運者, 原必无二也.

物无妄然, 必由其理. 統之有宗, 會之有元, 故繁而不亂, 衆而不
惑. 故六爻相錯, 可擧一以明也; 剛柔相乘, 可立主以定也. 是故
雜物撰德, 辯是與非, 則非其中爻, 莫之備矣! 故自統而尋之, 物
雖衆, 則知可以執一御也; 由本以觀之, 義雖博, 則知可以一名擧
也. 故處璇璣以觀大運, 則天地之動未足怪也; 據會要以觀方來,
則六合輻輳未足多也. 故擧卦之名, 義有主矣; 觀其彖辭, 則思過
半矣! 夫古今雖殊, 軍國異容, 中之爲用, 故未可遠也. 品制萬變,
宗主存焉; 象之所尙, 斯爲盛矣.

夫少者, 多之所貴也; 寡者, 衆之所宗也. 一卦五陽而一陰, 則一陰
爲之主矣; 五陰而一陽, 則一陽爲之主矣! 夫陰之所求者陽也, 陽
之所求者陰也. 陽苟一焉, 五陰何得不同而歸之? 陰苟隻焉, 五陽
何得不同而從之? 故陰爻雖賤, 而爲一卦之主者, 處其至少之地
也. 或有遺爻而擧二體者, 卦體不由乎爻也. 繁而不憂亂, 變而不
憂惑, 約以存博, 簡以濟衆, 其唯象乎! 亂而不能惑, 變而不能渝,
非天下之至賾, 其孰能與於此乎! 故觀象以斯, 義可見矣.

『周易略例』「明象」

【왕필 2】원문 6

明爻通變

夫爻者, 何也? 言乎變者也. 變者何也? 情僞之所爲也. 夫情僞之
動, 非數之所求也, 故合散屈伸, 與體相乖. 形躁好靜, 質柔愛剛,
體與情反, 質與願違. 巧歷不能定其算數, 聖明不能爲之典要, 法
制所不能齊, 度量所不能均也. 爲之乎豈在夫大哉! 陵三軍者, 或
懼於朝廷之儀; 暴威武者, 或困於酒色之娛.

近不必比, 遠不必乖. 同聲相應, 高下不必均也. 同氣相求, 體質
不必齊也. 召雲者龍, 命呂者律. 故二女相違, 而剛柔合體. 隆墀
永歎, 遠壑必盈. 投戈散地, 則六親不能相保, 同舟而濟, 則吳越
何患乎異心. 故苟識其情, 不憂乖遠, 苟明其趣, 不煩强武. 能說諸
心, 能研諸慮, 睽而知其類, 異而知其通, 其唯明爻者乎! 故有善
邇而遠至, 命宮而商應, 修下而高者降, 與彼而取此者服矣!

是故, 情僞相感, 遠近相追, 愛惡相攻, 屈伸相推, 見情者獲, 直往則違. 故擬議以成其變化, 語成器而後有格. 不知其所以爲主, 鼓舞而天下從, 見乎其情者也.

是故, 範圍天地之化而不過, 曲成萬物而不遺, 通乎晝夜之道而無體, 一陰一陽而无窮. 非天下之至變, 其孰能與於此哉! 是故, 卦以存時, 爻以示變.

「明爻通變」

【왕필 3】원문 7

明卦適變通爻

夫卦者, 時也, 爻者, 適時之變者也.

夫時有否泰, 故用有行藏. 卦有小大, 故辭有險易. 一時之制, 可反而用也, 一時之吉, 可反而凶也. 故卦以反對, 而爻亦皆變. 是故用無常道, 事无軌度, 動靜屈伸, 唯變所適. 故名其卦, 則吉凶從其類, 存其時, 則動靜應其用. 尋名以觀其吉凶, 舉時以觀其動靜, 則一體之變, 由斯見矣. 夫應者, 同志之象也, 位者, 爻所處之象也. 承乘者, 逆順之象也, 遠近者, 險易之象也. 內外者, 出處之象也, 初上者, 終始之象也. 是故, 雖遠而可以動者, 得其應也, 雖險而可以處者, 得其時也. 弱而不懼於敵者, 得所據也, 憂而不懼於亂者, 得所附也. 柔而不憂於斷者, 得所御也. 雖後而敢爲之先者, 應其始也, 物競而獨安靜者, 要其終也. 故觀變動者, 存乎應, 察安危者, 存乎位, 辯逆順者, 存乎承乘, 明出處者, 存乎外內.

遠近終始, 各存其會, 辟險尙遠, 趣時貴近. 比復好先, 乾壯惡首, 明夷務闇, 豐尙光大. 吉凶有時, 不可犯也, 動靜有適, 不可過也. 犯時之忌, 罪不在大, 失其所適, 過不在深. 動天下, 滅君主, 而不可危也, 侮妻子, 用顏色, 而不可易也. 故當其列貴賤之時, 其位不可犯也, 遇其憂悔吝之時, 其介不可慢也. 觀爻思變, 變斯盡矣.

「明卦適變通爻」

【왕필 4】원문 8

明象

夫象者, 出意者也. 言者, 明象者也. 盡意莫若象, 盡象莫若言. 言生於象, 故可尋言以觀象, 象生於意, 故可尋象以觀意. 意以象盡, 象以言著. 故言者, 所以明象, 得象而忘言, 象者, 所以存意, 得意而忘象. 猶蹄者所以在兔, 得兔而忘蹄, 筌者所以在魚, 得魚而忘筌也. 然則, 言者, 象之蹄也, 象者, 意之筌也. 是故, 存言者, 非得象者也, 存象者, 非得意者也. 象生於意而存象焉, 則所存者乃非其象也, 言生於象而存言焉, 則所存者乃非其言也. 然則, 忘象者, 乃得意者也, 忘言者, 乃得象者也. 得意在忘象, 得象在忘言. 故立象以盡意, 而象可忘也, 重畫以盡情, 而畫可忘也.

是故觸類可爲其象, 合義可爲其徵. 義苟在健, 何必馬乎? 類苟在順, 何必牛乎? 爻苟合順, 何必坤乃爲牛? 義苟應健, 何必乾乃爲馬? 而或者定馬於乾, 案文責卦, 有馬無乾, 則僞說滋漫, 難可紀矣. 互體不足, 遂及卦變, 變又不足, 推致五行. 一失其原, 巧愈彌

甚, 縱復或値, 而義无所取. 蓋存象忘意之由也. 忘象以求其意,
義斯見矣.

「明象」

辯位

案, 象无初上得位失位之文, 又, 繫辭但論三五·二四同功異位,
亦不及初上, 何乎? 唯乾上九文言云'貴而无位', 需上六云'雖不當
位'. 若以上爲陰位邪, 則需上六不得云'不當位'也, 若以上爲陽位
邪, 則乾上九不得云'貴而无位'也. 陰陽處之, 皆云非位, 而初亦
不說當位失位也. 然則, 初上者是事之終始, 无陰陽定位也. 故乾
初謂之潛, 過五謂之无位. 未有處其位而云潛, 上有位而云无者
也. 歷觀衆卦, 盡亦如之, 初上无陰陽定位, 亦以明矣.

夫位者, 列貴賤之地, 待才用之宅也. 爻者, 守位分之任, 應貴賤之
序者也. 位有尊卑, 爻有陰陽. 尊者, 陽之所處, 卑者, 陰之所履也.
故以尊爲陽位, 卑爲陰位. 去初上而論位分, 則三五各在一卦之
上, 亦何得不謂之陽位! 二四各在一卦之下, 亦何得不謂之陰位!
初上者, 體之終始, 事之先後也, 故位无常分, 事无常所, 非可以陰
陽定也. 尊卑有常序, 終始无常主. 故繫辭但論四爻功位之通例,
而不及初上之定位也. 然事不可无終始, 卦不可无六爻, 初上雖
无陰陽本位, 是終始之地也. 統而論之, 爻之所處則謂之位, 卦以
六爻爲成, 則不得不謂之六位時成也.

「辯位」

【주역 1】원문 10

帝出乎震, 齊乎巽, 相見乎離, 致役乎坤, 說言乎兌, 戰乎乾, 勞乎
坎, 成言乎艮.

萬物出乎震, 震東方也. 齊乎巽, 巽東南也, 齊也者, 言萬物之潔
齊也. 離也者, 明也, 萬物皆相見, 南方之卦也. 聖人南面而聽天
下, 嚮明而治, 盖取諸此也. 坤也者, 地也, 萬物皆致養焉, 故曰:
'致役乎坤.'

兌, 正秋也, 萬物之所說也, 故曰'說言乎兌.' 戰乎乾, 乾西北之卦
也, 言陰陽相薄也. 坎者, 水也, 正北方之卦也, 勞卦也, 萬物之所
歸也, 故曰'勞乎坎.' 艮, 東北之卦也, 萬物之所成終而成始也, 故
曰'成言乎艮.'

『周易』「說卦傳」

【주역 2】원문 11

'大衍之數五十'

京房: "五十者, 謂十日十二辰二十八宿也. 凡五十其一不用者, 天
之生氣, 將欲以虛來實, 故用四十九焉."

馬融: "易有太極, 謂北辰也. 太極生兩儀, 兩儀生日月, 日月生四
時, 四時生五行, 五行生十二月, 十二月生二十四氣, 北辰居位不動,
其餘四十九, 轉運而用也."

荀爽: "卦各有六爻, 六八四十八, 加乾坤二用, 凡有五十; 乾初九, '潛龍勿用', 故用四十九也."

鄭玄: "天地之數五十有五, 以五行氣通, 凡五行減五, 大衍又減一, 故四十九也."

姚信·董遇: "天地之數五十有五者, 其六以象六畫之數, 故減之而用四十九."

王弼: "演天地之數, 所賴者五十."

顧懽: "立此五十數, 以數神, 雖非數而顯, 故虛其一數, 以明不可言之義."

「繫辭傳」 '大衍之數 50'에 대한 여러 설

【주역 3】 원문 12

天生神物, 聖人則之. 天地變化, 聖人效之. 天垂象, 見吉凶, 聖人象之. 河出圖, 洛出書, 聖人則之. 易有四象, 所以示也, 繫辭焉, 所以告也, 定之以吉凶, 所以斷也.

『周易』 「繫辭傳」

【왕필 6】 원문 13

夫易者, 象也. 象之所生, 生於義也. 有斯義, 然後明之以其物. 故以龍敍乾, 以馬明坤, 隨其事義而取象焉. 是故初九九二龍德, 皆應其義, 故可論龍以明之也. 至於九三 '乾乾夕惕', 非龍德也, 明以君子當其象矣. 統而擧之, 乾體皆龍, 別而敍之, 各隨其義.

역易, 위대한 미메시스

王弼, 『周易注』乾卦「文言傳」

【정약용 1】 원문 14

一曰, 抽象.

○ 易, 所以筮也. 一卦一爻, 各具萬事萬物之象[不變曰卦, 變曰爻.], 筮天下之萬事萬物, 皆有遇此卦此爻之理. 文王周公, 於萬象之中, 抽其一象, 以爲繇詞, 故以卦以爻, 則有應萬事萬物之才, 而其繇詞, 則不能該萬事萬物.

○ 假如乾初九之'潛龍勿用', 以之筮君子出處進退之吉凶, 則合矣, 以之筮婚姻·祭祀·建都·遷國之等, 則此詞不可準也.

二曰, 該事.

○ 聖人旣抽一象而爲詞, 又恐學者執此一象, 不知變通, 故或於一繇之內, 雜論數事, 其實此卦此爻可論之象, 不止此數事.

○ 假如屯六二, 其云'乘馬班如'者, 女難之占也, 其云'匪寇婚媾'者, 鄰國備患之占也, 其云'十年乃字'者, 婦人産育之占也. 三事各自成文, 詞理不相連續, 讀之如書史, 便不可通.

三曰, 存質.

○ 聖人旣雜論數事, 又恐學者執此數象, 不知變通, 故或於卦詞, 只著卦德, 以存其質, 而不論事物, 或於爻詞, 只著休咎, 以存其占, 而不論事物. 若是者, 何也? 並一事而不論, 所以應萬事而無礙也.

○ 如乾'元亨利貞', 大有'元亨', 隨'元亨利貞', 遯'亨小利貞', 大壯'利貞', 鼎'元吉亨', 兌'亨利貞'之類, 是也.

○ 其在爻詞, 則恒九二之'悔亡', 大壯九二之'貞吉', 解初六之'無咎', 萃九四之'大吉無咎'之類, 是也.

四曰, 顧名.

○ 卦之命名, 本無定則, 其以八卦之本德, 及陰陽消長之勢, 推移往來之情, 而名之者, 其繇詞, 雖無此義, 以之爲筮, 須觀命名之本象. 至於直取物形, 及卽卦抽象, 而偶以命名者, 其繇詞, 雖用此義, 不可爲諸筮之通象也.

○ 以本德而得名者, 如八卦之重卦, 是也. 以陰陽之消長而得名者, 如復之謂復, 大壯之謂大壯, 是也. 其以推移之義而得名者, 如訟之名本於中孚, 萃之名本於小過, 是也. 其直取物形而名之者, 如井鼎之類, 是也. 其卽卦抽象而偶以命名者, 如家人歸妹之類, 是也.

○ 以兄嫁妹, 其在雷澤之卦, 不過萬象之中一象也. 六爻之詞, 雖皆言歸妹, 未必嫁妹爲本象, 而他事爲客也. 筮婚姻者, 當用此詞, 若於祭祀·戰伐之筮, 而遇此卦者, 不可以此詞占之也.

五曰, 播性.

○ 卦變爲爻, 則其物象事情, 與本卦大異也, 然其性氣, 皆主本卦.

若舍本卦之性氣, 而專用之卦之物象, 則大悖也. 故聖人, 於爻詞, 必爲之播本卦之性氣, 俾顧其本.

○ 假如本卦是升, 則之井之蠱, 皆取升上之象, 雖有卑降者, 不顧焉. 本卦是復, 則之震之屯, 皆取來復之象], 雖有出往者, 不顧焉. 故需之六爻, 盡取需待之義, 賁之六爻, 悉含賁文之理, 皆所以播本卦之性氣, 以撰其德也.

六曰, 留動.

○ 一畫旣動, 全卦遂變, 故聖人之撰爻詞, 其升降往來之性, 皆取變象. 然於卦主之爻, 又爲之留其所動, 不逐其變, 而專用推移之本象, 以明此畫之爲卦主, 此又一例也.

○ 如師九二之'王三錫命', 比九五之'王用三驅', 皆所謂留動而明主也. 又如謙九三之'有終', 豫九四之'由豫', 皆不取爻變之象者也.

○ 若此類, 必古來筮法本然, 故周公撰詞, 如此也. 盖以筮家, 旣遇此卦, 又遇此爻, 則神明所指, 丁寧在此, 故占之以此畫, 不復考變也.

(…)

十五曰, 寓義.

○『易』主於筮, 而義理寓焉. 聖人察進退消長之勢, 玩升降往來之象, 而寓義理於其間. 然文王周公之詞, 其義所寓, 隱而不彰, 微而不著. 至孔子「象傳」, 則專闡義理, 其爻詞之微隱者, 「文言」

「大傳」, 又推演而爲之戒. 至於「大象傳」, 則不干筮家, 而純爲居
觀之用. 因傳以求經, 則義可得矣.

○ '文言'者, 乾坤諸爻也, 其在「大傳」者, 如中孚九二, 同人九五,
大過初六之類, 是也.

丁若鏞,『周易四箋』「讀易要旨」

【 주역 4 】원문 15

乾健也, 坤順也, 震動也, 巽入也, 坎陷也, 離麗也, 艮止也, 兌
說也.

乾爲馬, 坤爲牛, 震爲龍, 巽爲鷄, 坎爲豕, 離爲雉, 艮爲狗, 兌
爲羊.

乾爲首, 坤爲腹, 震爲足, 巽爲股, 坎爲耳, 离爲目, 艮爲手, 兌爲口.

乾天也, 故稱乎父. 坤地也, 故稱乎母. 震一索而得男, 故謂之長
男. 巽一索而得女, 故謂之長女. 坎再索而得男, 故謂之中男, 離再
索而得女, 故謂之中女, 艮三索而得男, 故謂之少男. 兌三索而得
女, 故謂之少女.

乾, 爲天, 爲圜, 爲君, 爲父, 爲玉, 爲金, 爲寒, 爲氷, 爲大赤, 爲良
馬, 爲老馬, 爲瘠馬, 爲駁馬, 爲木果.

坤, 爲地, 爲母, 爲布, 爲釜, 爲吝嗇, 爲均, 爲子母牛, 爲大輿, 爲文,
爲衆, 爲柄. 其於地也, 爲黑.

震, 爲雷, 爲龍, 爲玄黃, 爲敷, 爲大塗, 爲決躁, 爲蒼筤竹, 爲萑葦.
其於馬也, 爲善鳴, 爲馵足, 爲作足, 爲的顙. 其於稼也, 爲反生,

其究爲健, 爲蕃鮮.

巽, 爲木, 爲風, 爲長女, 爲繩直, 爲工, 爲白, 爲長, 爲高, 爲進退, 爲不果, 爲臭. 其於人也, 爲寡髮, 爲廣顙, 爲多白眼, 爲近利市三倍, 其究爲躁卦.

坎, 爲水, 爲溝瀆, 爲隱伏, 爲矯輮, 爲弓輪. 其於人也, 爲加憂, 爲心病, 爲耳痛, 爲血卦, 爲赤. 其於馬也, 爲美脊, 爲亟心, 爲下首, 爲薄蹄, 爲曳. 其於輿也, 爲多眚, 爲通, 爲月, 爲盜. 其於木也, 爲堅多心.

離爲火, 爲日, 爲電, 爲中女, 爲甲冑, 爲戈兵. 其於人也, 爲大腹, 爲乾卦. 爲鼈, 爲蟹, 爲蠃, 爲蚌, 爲龜. 其於木也, 爲科上槁.

艮, 爲山, 爲徑路, 爲小石, 爲門闕, 爲果蓏, 爲閽寺, 爲指, 爲狗, 爲鼠, 爲黔喙之屬. 其於木也, 爲堅多節.

兌, 爲澤, 爲少女, 爲巫, 爲口舌, 爲毀折, 爲附決. 其於地也, 爲剛鹵. 爲妾, 爲羊.

『周易』「說卦傳」

【 주 희 1 】 원문 16

『易』本爲卜筮之書, 後人以爲止於卜筮. 至王弼用老莊解. 後人便只以爲理而不以爲卜筮, 亦非. 想當初伏羲劃卦之時, 只是陽爲吉, 陰爲凶, 無文字, 某敢說. 竊意如此. 後文王見其不可曉, 故爲之作「彖辭」或占得爻處不可曉, 故周公爲之作「爻辭」又不可曉, 故孔子爲之作十翼, 皆解當初之意.

朱熹, 『朱子語類』卷66

有聖人焉, 爲之登降揖讓, 以敎民敬衆, 爲之獻酬醋餕, 以敎民報
本, 爲之衰麻哭泣之紀, 以敎民仁死, 旣又爲之瞿然內恐于心, 曰,
"我之所敎于民, 使之然者, 皆民之所易測易知者, 彼將盡窺吾之
奧與蘊, 而吾不尊矣." 於是運智發謀, 夜以繼晝, 設爲民所不可
知之事, 恍忽閃倏, 瑰怪譎詭, 無端無倪, 變幻其體, 投而抵之于愚
夫愚婦之前, 使其駭愕惶汗, 逡巡退蹙, 以之神天下之耳目, 冀欲
其屈躬伏地, 攢手百拜, 以尊我. 聖人固如是乎? 是唯浮屠釋氏之
徒, 及後世庸鈍老醜, 爲河圖洛書之圖, 附之壁, 以盜名者爲之耳.
曾謂聖人之志如是乎? 夫設機權, 以持天下之心, 此霸主之略, 而
兵家之所爲算也. 曾謂伏羲.神農文王周公孔子之聖而有是乎? 且
『易』亦何幽之有?

『周易四箋』「易論一」

一陰一陽之謂道, 繼之者善也, 成之者性也. 仁者見之, 謂之仁,
知者見之, 謂之知. 百姓日用而不知, 故君子之道鮮矣. 顯諸仁, 藏
諸用, 鼓萬物而不與聖人同憂, 盛德大業至矣哉. 富有之謂大業,
日新之謂盛德.

『周易』「繫辭傳」

【주역 6】원문 19

水火相逮, 雷風不相悖, 山澤通氣, 然後能變化, 旣成萬物也.
『周易』「說卦傳」

【주역 7】원문 20

乾剛坤柔, 比樂師憂, 臨觀之義, 或與或求. 屯見而不失其居, 蒙
雜而著. 震起也, 艮止也, 損益盛衰之始也.
『周易』「雜卦傳」

1 정병석,『점에서 철학으로』, 동과서, 2014, 32쪽 참조.

2 J. R. 퍼스,『기호론』(1974). Georges Jean의 『기호의 언어』(시공사, 김형진 옮김, 1997), 135쪽에서 재인용.

3 롤랑 바르트,『기호학의 모험』(1985). 위의 책, 139쪽에서 재인용.

4 黎靖德 編,『朱子語類』(北京: 中華書局, 1986), 권76, 易12,「繫辭下」, 1957쪽. 주자의 이 말은 學履의 기록에 보인다.

5 『春秋左傳』, 莊公 22년조. "周史有以『周易』見陳侯者, 陳侯使筮之, 遇觀之否."

6 『漢書』 권30「藝文志」 제10(北京: 中華書局), 1703쪽. "『易經』十二篇, 施·孟·梁丘三家."

7 『漢書』 권30「藝文志」 제10(北京: 中華書局, 1962, 1996), 1704쪽. "人更三聖, 世歷三古."

8 王弼,『周易略例』,「明象」. "義苟應健, 何必乾乃爲馬? 而或者定馬於乾, 案文責卦, 有馬無乾, 則僞說滋漫, 難可紀矣. 互體不足, 遂及卦變; 變又不足, 推致五行. 一失其原, 巧愈彌甚, 縱復或値, 而義无所取."

9 李鼎祚,『周易集解』(北京出版社 刊,『易學精華』 수록, 1996), 坤卦 初六.

10 李鼎祚,『周易集解』(北京出版社 刊,『易學精華』 수록, 1996), 坤卦 上六.

11 「繫辭下傳」. "古者, 包犧氏之王天下也, 仰則觀象於天, 俯則觀法於地, 觀鳥獸之文, 與地之宜, 近取諸身, 遠取諸物, 於是始作八卦, 以通神明之德, 以類萬物之情."

12 『春秋左傳』, 昭公 29년조. "秋, 龍見于絳郊. 魏獻子問於蔡墨, 墨對曰: '『周易』有之. 在乾之姤曰, '潛龍勿用', 其同人曰, '見龍在田', 其大有曰, '飛龍在天', 其夬曰, '亢龍有悔', 其坤曰, '見羣龍, 無首, 吉', 坤之剝曰, '龍戰于野.' 若不朝夕見, 誰能物之?'"

13 『春秋左傳』, 莊公 22년조. "是謂'觀國之光, 利用賓于王.' 此其代陳有國乎! 不在此, 其在異國, 非此其身, 在其子孫."

14 朱熹,『周易本義』, 晉卦 卦詞, 朱子註. "康侯, 安國之侯也. 錫馬蕃庶, 晝日三接, 言多受大賜, 而顯被親禮也."

15 『周禮注疏』(十三經注疏本, 北京大學出版社, 1999), 「秋官司寇·大行人」, 996~1001쪽 참조. "上公之禮, (…) 廟中將幣三享, (…) 三問三勞. 諸侯之禮, (…) 廟中將幣三享, (…) 再問再勞. 諸伯執躬圭, 其他皆如諸侯之禮. 諸子, (…) 廟中將幣三享, 壹問壹勞. 諸男執蒲璧, 其他皆如諸子之禮."

16 李鼎祚, 『周易集解』, 渙卦, 「大象傳」. "虞翻曰, '否乾爲先王. 享, 祭也. 震爲帝爲祭, 艮爲廟, 四之二殺坤大牲, 故以享祭立廟.'"

17 『주역』 「說卦傳」, "艮, 東北之卦也, 萬物之所成終而成始也."

18 『周禮』 「大宗伯」. "諸侯始至, 祼以鬯酒."

19 『禮記』 「禮器」. "諸侯相朝, 祼用鬱鬯."

20 『주역사전』 觀卦, 「彖傳」. "觀天之神道, 而四時不忒, 聖人以神道設教, 而天下服矣."

21 『주역』 「계사상전」, "一陰一陽之謂道, 繼之者善也, 成之者性也."

22 『주역』 「계사하전」, "陽卦多陰, 陰卦多陽."

23 『주역』 「계사하전」, "尺蠖之屈, 以求信也."

24 『주역』 「계사하전」, "易窮則變, 變則通, 通則久."

25 한선자韓宣子. 이름은 한기韓起이고 춘추시대 진晉나라 사람이다. 한궐韓厥의 아들로 시호가 선宣이다.

26 『春秋左傳』(標點本 『十三經注疏』, 北京大出版社), 杜預序, 9쪽. "韓宣子適魯, 見'易象'與 『魯春秋』, 曰, '周禮盡在魯矣. 吾乃今知周公之德與周之所以王.'"

27 『春秋左傳』, 위의 곳, 1172쪽. "'易象', 上下經之象辭, 『魯春秋』, 史記之策書, 『春秋』遵周公之典以序事, 故曰, '周禮盡在魯矣.'"

28 『春秋左傳』, 위의 곳, 1173쪽. "周衰之後, 諸國典策各違舊章, 唯『魯春秋』遵此周公之典, 以序時事, 故云, '周禮盡在魯矣.'"

29 『春秋左傳』, 위의 곳, 1173쪽. "'易象', 文王所作, 『春秋』, 周公垂法, 故杜雙擧釋之云, '易象『春秋』, 文王周公之所制也.'"

30 『春秋正義』(標點本 『十三經注疏』). "『易象』『春秋』, 是文王周公之所制, 故見『春秋』知周公之德, 見『易象』知周之所以王也. (…) 獨言『易象』『魯春秋』者, 韓子主美文王周公, 故特言之, 『易象』, 魯無增改, 故不言'魯易象'."

31 무자잉武子縢. 이름은 한달罕達. 정鄭나라의 경卿으로 무자는 시호, 잉은 자字다. 또는 자를 요姚라고도 한다.

32 張惠言,『易學十書』.“王弼周易, 祖述王肅.”

33 焦循,『周易補疏』序.“王弼之學, 淵源於劉表, 而實根於王暢.”

34 湯用彤,「魏晉玄學論稿」(『魏晉思想』), 94쪽.

35 『莊子』,「外物篇」.“荃者, 所以在魚, 得魚而忘荃. 蹄者, 所以在兎, 得兎而忘蹄. 言者, 所以在意, 得意而忘言. 吾安得夫忘言之人, 而與之言哉!”

36 朱熹,『易學啓蒙』,「原卦畫第二」.“易非獨以河圖而作也. 蓋盈天地之間, 莫非太極陰陽之妙, 聖人於此, 仰觀俯察, 遠求近取, 固有以超然而黙契於其心矣. 故自兩儀之未分也, 渾然太極, 而兩儀四象六十四卦之理, 已燦然於其中.”

역易, 위대한 미메시스

ⓒ 한국국학진흥원

초판 인쇄	2014년 10월 23일
초판 발행	2014년 10월 30일

지은이	황병기
기획	한국국학진흥원
펴낸이	강성민
편집	이은혜 박민수 이두루
편집보조	유지영 곽우정
마케팅	정민호 이연실 정현민 지문희 김주원
온라인 마케팅	김희숙 김상만 한수진 이천희
독자모니터링	황치영

펴낸곳	(주)글항아리ㅣ출판등록 2009년 1월 19일 제406-2009-000002호
주소	413-120 경기도 파주시 회동길 210
전자우편	bookpot@hanmail.net
전화번호	031-955-8891(마케팅) 031-955-8897(편집부)
팩스	031-955-2557

ISBN	978-89-6735-136-6 03100

글항아리는 (주)문학동네의 계열사입니다.

이 도서의 국립중앙도서관 출판시도서목록(CIP)은 서지정보유통지원시스템 홈페이지
(http://seoji.nl.go.kr)와 국가자료공동목록시스템(http://www.nl.go.kr/kolisnet)에
서 이용하실 수 있습니다. (CIP제어번호 : CIP2014030773)